조리기능장이 전하는
양식조리

· 조리기능장 공저 ·

★특별부록★
내 손안에
핵심노트

이 책을 펴내며

핵가족화와 더불어 서양요리는 간단한 아침식사부터 화려한 파티문화까지 먼 이웃나라의 음식이 아닌 하나의 문화로서 우리생활 가운데 자리 잡고 있습니다. 전문 양식조리사에 대한 관심과 수요에 발맞추어 전문 양식조리사가 되기 위한 수험서로서 다음과 같이 구성하였습니다.

이 책에서는

첫째 저자의 오랜 현장 강의경험과 시험장에서의 실기채점을 통한 조리과정의 노하우를 최대한 반영하였습니다.

둘째 새롭게 바뀐 한국산업인력 관리공단의 출제기준을 반영하여 기존의 다른 책들과 차별화 하였습니다.

셋째 핵심노트를 수험생의 손안에 들어가도록 제작하여, 언제 어디서든 쉽게 꺼내서 이용할 수 있도록 구성하였습니다.

아무쪼록 이 책을 통해서 서양요리에 대한 전문지식과 조리노하우를 최대한 빨리 습득하여 전문 양식조리사로써 거듭나기를 기원하는 한편 이 책을 펴내는데 도움을 주신 출판사 관계자분들과 여러 선생님들께 감사의 말씀을 전합니다.

저자 올림

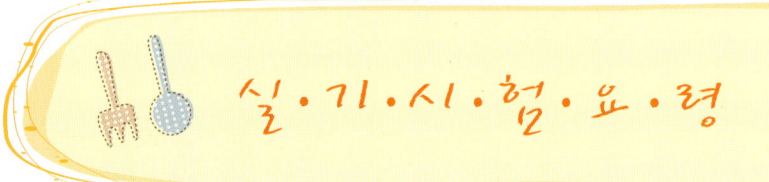

실·기·시·험·요·령

 실기시험 진행순서

1. 필기 합격자는 실기시험의 일시와 장소를 해당 지방사무소에서 확인하여 지정된 시간 30분 전에 시험장에 도착하여 수검자 대기실에서 조용히 기다린다.
2. 위생복과 앞치마, 모자 또는 머리수건은 구김이 없도록 하고, 소매는 접어 올려서 단정히 착용한다. 수험표와 주민등록증을 확인하고 등번호를 배정받아 감독위원의 지시에 따라 시험장에 입실하여 등번호에 맞는 조리대에서 준비되어 있는 조리기구와 수검자 준비물을 정리 정돈하고 시험을 준비한다.
3. 지급된 재료와 목록표의 재료는 차이가 없는지 확인하여 차이가 있으면 즉시 시험위원에게 알려 시험이 시작되기 전에 조치를 받도록 한다.
4. 수검자는 요구사항을 충분히 숙지하여 정해진 시간 안에 지정된 조리작품을 제출하면 된다.

 주의사항

1. 시험장에서는 위생모(머리수건)는 필수이며, 위생복과 앞치마중의 하나가 의무이나 둘 다 착용하여 깔끔하고 단정한 복장으로 입실한다.
2. 위생모(머리수건)는 벗겨지지 않도록 핀으로 고정하고 머리카락이 밖으로 나오지 않도록 긴 머리는 망핀으로 고정시킨다.
3. 시험장에서 본인의 위생상태(매니큐어, 반지, 팔찌, 시계 등은 금물)를 확인한다.
4. 지정된 물품을 사용하여야 하며 재료를 시험장 내에 지참할 수 없다.
5. 지급된 재료는 1회에 한하여 지급하며 다만, 시험 전 수검자가 사전에 지급된 재료를 검수하여 불량 및 지급량 부족에 대하여 즉시 시험위원에게 통보하여 조치 받을 수 있다.
6. 지급된 재료는 1인분의 양이므로 주재료 전부를 사용하여 조리하도록 한다.
7. 조리중에 맛을 보면 감점처리(-2점)가 되므로 맛을 보지 않도록 한다.
8. 감독위원이 요구하는 작품이 2가지인 경우 2가지 모두를 지정된 표준시간 내에 완성하여야 한다.
9. 불을 사용하여 만든 조리작품은 익혀지지 않을 경우 채점대상에서 제외된다.
10. 작품을 제출한 다음 자신이 조리한 장소의 주변정리 및 청소를 하고 지시에 따라 퇴실한다.

실기시험 채점 기준표

과제별 배점(45점×2가지=90점)+공통배점(10점), 100점 만점에 60점 이상이면 합격

주요항목	세부항목	내용	배점	비고
조리기술	조리방법	조리순서에 맞는 조리기술의 숙련도	30	과제별 배점
작품평가	맛	음식의 간이 맞는가?	6	
	색	너무 진하거나 퇴색되지 않고 고유의 색을 가지고 있는가?	5	
	그릇담기	전체적인 조화를 이루고 작품성이 있는가?	4	
위생상태 및 안전관리	개인위생	청결한 위생복 및 개인 위생상태	3	공통 배점
	조리위생	재료 및 기타 조리기구의 위생적 취급요령 및 숙련도	4	
	정리정돈	조리기구 및 주위청소 상태	3	

 ## 양식조리기능사 실기 수험자 지참 준비물

번호	재료명	규격	수량	비고
1	냄비	조리용	1개	시험장에도 준비되어 있음
2	쇠조리(혹은 체)	조리용	1개	시험장에도 준비되어 있음
3	랩, 호일	조리용	1개	
4	거품기	중	1개	
5	계량스푼	사이즈별	1세트	
6	계량컵	200ml	1개	
7	고무주걱	소	1개	
8	나무주걱	소	1개	
9	대나무젓가락	40~50cm정도	1세트	
10	소창 또는 면보	30×30cm정도	1장	
11	앞치마	백색(남녀 공용)	1개	
12	연어나이프		1개	필요시 지참, 일반조리용칼 대체가능
13	위생모 또는 머리수건	백색	1개	
14	위생복	상의-백색, 하의-긴바지(색상무관)	1개	위생복장을 제대로 갖추지 않을 경우 감점 처리됩니다.
15	위생타올	면	1매	
16	칼	조리용칼, 칼집포함	1개	
17	키친타올(종이)	주방용(소-18×20cm)	1장	
18	테이블스푼		2개	숟가락으로 대체 가능
19	프라이팬	소형	1개	시험장에도 준비되어 있음
20	종이컵		1개	
21	다시백		1개	
22	볼(bowl)	크기 제한 없음	1개	

CONTENTS

Part 1 서양요리

제1장 서양요리 입문 ... 11
1. 서양요리의 개요 ... 11
2. 서양요리의 특징 ... 11

제2장 스파이스와 허브(Spice & Herb) ... 12
1. 스파이스(Spice) ... 12
2. 허브(Herb) ... 16

제3장 조리용어와 조리방법 ... 22
1. 조리용어 ... 22
2. 조리방법 ... 25
3. 채소 썰기 ... 26

제4장 메뉴와 테이블세팅 ... 29
1. 메뉴 ... 29
2. 테이블 세팅(Table setting) ... 37

제5장 서양요리의 서빙순서와 식사예절 ... 41
1. 서빙순서 ... 41
2. 식사예절 ... 43

Part 2 기능사 실기

〈스톡조리〉
브라운 스톡(Brown stock) ... 50

〈전채조리〉
쉬림프 카나페(Shrimp canape) ... 52
프렌치 프라이드 쉬림프(French fried shrimp) ... 54
샐러드 부케를 곁들인 참치 타르타르와 채소 비네그레트
(Tuna tartar with salad bouquet and vegetable vinaigette) ... 56

〈샌드위치〉
비엘티 샌드위치
(Bacon, Lettuce, Tomato sandwich) ... 58
햄버거 샌드위치(Hamburger sandwich) ... 60

Craftsman Cook Western Food

Part 1
서양요리

제1장 서양요리 입문

1. 서양요리의 개요

서양요리는 프랑스, 영국, 이탈리아 등의 유럽국가와 미국 등의 북미국가에서 발달하여 온 요리를 일컫는 말이다.

서양은 오래 전부터 축산업이 발달하여 육류요리가 많이 개발되었고, 요리과정에서 부패를 방지하기 위해 향신료를 사용하는 조리법이 발달하였다.

2. 서양요리의 특징

서양요리의 중심이 되는 것은 프랑스 요리이다. 서양요리는 프랑스 요리에 바탕을 두고 각국의 지리적 조건, 기후, 산물 등의 차이에 따라 각기 그 나라의 실정과 기술에 맞는 요리로 발전되어 왔다.

서양요리의 일반적인 특징은 다음과 같다.

① 향미를 즐길 수 있는 재료로 각종 풀·나뭇잎·열매 등이 많이 이용된다.
② 식품의 취급, 조리방법, 사용하는 조미료와 식사 형식, 식탁을 차리는 방법, 식사 예절 등이 강조된다.
③ 식사 시간과 식사 시간 사이에 갖는 차 마시는 시간(Tea time), 경우에 따라 특별히 준비하는 상차림 등 때에 따라 차리는 음식과 방법이 다르다.

제 2 장 스파이스와 허브(Spice & Herb)

스파이스와 허브는 비슷한 의미에서 요리에 독특한 향미 부여, 요리한 음식의 부패지연 및 산화방지 등 식품의 보존성을 높이는 역할, 음식의 색상 보강, 색소성분에 의한 착색작용, 식욕을 돋우고 맛을 향상시키기 위해 사용하나 스파이스가 허브보다 넓은 의미를 가지며 스파이스는 향신료라 하여 건조된 상태의 재료를 사용하고, 허브는 향신채소라 하여 신선한 상태의 잎을 사용한다.

1. 스파이스(Spice)

1) 스파이스란?

음식물에 맵거나 향기로운 맛을 더하는 조미료의 통칭으로 영어로 스파이스(spice)라 하며, 스파이스라는 말의 어원은 후기 라틴어로 '약품'이라는 뜻인데, 한국어의 '양념'에 해당된다. 향신료는 음식에 맛이나 향 또는 매운맛을 주기 위한 재료로 사용되며 영양가는 거의 없지만, 식욕을 돋우고 음식에 풍취를 더해주며 맛을 향상시키는 역할을 한다. 목적에 따라 착색제 역할을 하기도 하며, 방향성과 자극성을 가지며, 건조한 식물의 종자, 열매, 뿌리, 줄기, 잎, 나무껍질, 꽃 등에서 얻어지며, 식품가공, 조리 등을 할 때 소량을 첨가해 식품의 풍미를 돋우는 재료로 쓰인다.

계피, 후추, 정향, 고추, 겨자, 육두구, 마늘, 바닐라 등은 미각에 자극을 주는 향신료로써 오랜 역사와 전통을 가지고 있다.

2) 스파이스의 종류

(1) 육두구(肉荳蔲, Nutmeg)

사향 향기가 나는 호두라는 뜻의 너트메그는 인도네시아 몰루카제도가 원산지이다. 성숙하면 살

구같이 보이며 열매는 핵과(核果)로서 길이 4~6cm로 안에 종자가 들어 있다. 성숙하게 되면 붉은 빛을 띤 노란색 껍질이 벌어져서 안쪽에 갈빗대처럼 갈라진 종의(種衣)가 보이는데, 종자는 육두구, 종의는 메이스(Mace)라 칭한다. 건조시킨 육두구는 방향성 건위제·강장제 등으로 쓰이고 채소, 닭고기, 수프, 소스, 마카로니, 드레싱과 도넛, 푸딩 등 단 음식에 많이 사용된다.

(2) 흰후추(백후추 White pepper corn)

흰색의 후추는 검은후추 보다 매운맛이 덜하며 열매는 익으면서 붉게 변하는데, 이렇게 완전히 붉게 익은 열매를 따서 껍질을 벗겨 낸 후 말린 것이 흰색을 띠는 흰후추이다. 후추는 겉껍질에 매운맛을 내는 피페린 성분이 함유되어 있으므로 껍질째 말린 검은 후추보다는 매운맛이 덜하다. 그러나 씨에 많이 함유되어 있는 방향유 때문에 껍질이 제거된 흰후추의 방향이 좀 더 강하다. 흰색 요리, 생선요리에는 외관을 위해 백후추가 많이 이용된다. 생산량이 많지 않아 가격이 높은 편이다.

(3) 검은후추(Black pepper corn)

검은후추는 성숙하기 전의 열매를 건조시킨 것으로 겉에 주름이 지며 흑색이다. 성장조건이 좋으면 40년까지 열매를 맺는 후추의 성분은 매운맛인 피페린이 5~9%, 차비신 6%, 정유 1~2.5% 들어 있으며 매운맛·구풍제·건위제 등으로 사용된다. 식품의 향신료로서도 중요시되는 블랙 페퍼는 스톡이나 소스류에 통후추(Corn)로 이용되고 크러쉬(Crush)형태는 페퍼밀을 이용하여 거칠게 갈아서 먹기 직전의 소스나 샐러드에 넣는다. 가루(Ground)는 기본 조미료의 역할로 폭 넓게 사용되어 육류, 가금류, 소스, 수프, 국 등에 이용된다.

(4) 그린후추(Green pepper corn)

백후추와 검은후추 종류보다 매운맛과 풍미가 떨어지는 그린 페퍼콘은 부드럽고 설 익은 열매로 보통 소금물에 절여서 저장한다.

(5) 머스터드(Mustard)

톡 쏘는 매운맛이 특징인 겨자는 열매나 씨로 만든다. 밝은 밤색을 띠는 씨는 말려서 가루를 내어 향신료로 사용한다.

원산지는 중동, 인도, 중국, 스리랑카, 지중해 연안이며 머스터드는 종류가 매우 다양한데 현재 재배되고 있는 대부분은 브라운 머스터드가 차지하고 있다. 주로 개어놓은 상태로 많이 판매되며 겨자, 올리브유, 적포도주, 통후추 부순 것, 간장, 마늘, 소금, 후추를 넣고 잘 섞어 차가운 고기나 소시지·샐러드·샌드위치에 드레싱으로 사용한다. 디종 머스터드는 고급 드레싱용 프렌치 머스터드로 허브와 백포도주를 섞어 톡 쏘는 맛이 나면서 끝맛이 부드럽다. 가루인 경우 40도의 더운 물에 개어 따뜻한 곳에 두면 매운맛이 강해지고 주로 육류요리, 햄버거, 비네가 드레싱, 피클 등에 폭넓게 쓰인다. 자극이 강한 머스타드는 위장이 약한 사람은 이용하지 않는 것이 좋다.

(6) 정향(丁香, Clove)

몰루카제도가 원산지인 정향은 꽃이 피기 전의 꽃봉오리를 수집하여 말린 것으로 꽃봉오리의 형태가 못처럼 생기고 향기가 있으므로 정향이라고 하며 영어의 클로브(Clove)도 프랑스어의 클루(clou : 못)에서 유래한다. 매우 향기로워 그대로 또는 분말로 사용하고, 물이나 증기로 빼낸 정향유를 활용한다. 돼지고기, 비프스튜, 피클, 햄, 오향장육, 양고기요리는 물론이고, 약품·방부제 등에 쓰거나, 발작증을 비롯하여 치과에서 진통제 등으로도 사용된다.

(7) 시나몬(계피, Cinnamon)

열대성 상록수의 나무 껍질을 쪄서 하루 동안 식힌 후 바깥쪽 껍질을 제거하면 안쪽 껍질만 남는데 이것이 시나몬이다. 시나몬은 채집부위, 산지, 종류 등에 따라 함유성분에 다소 차이가 있는데, 약간의 매운 맛과 단맛을 동반한 청량감과 독특한 방향성이 특징이다. 정향, 후추와 함께 3대 향신료이며 스리랑카, 인도, 베트남, 중국 등이 원산지인 시나몬은 파우더보다는 스틱 형태를 구입하는 것이 좋다. 파우더는 맛은 강하지만 향기가 금방 날아가 버리기 때문에 유리용기에 밀폐하여 보관하는 것이 좋다. 수정과, 떡류, 소고기, 돼지고기, 닭요리와 단맛이 나는 케이크, 빵류에 사용된다.

(8) 칠리 파우더(Chili powder)

　빨강, 보라, 크림색, 노란색, 녹색, 검은색 등 다양한 색깔과 크기의 칠리는 열매를 향신료로 이용한다. 칠리는 현재 전세계적으로 재배되고 있으며 씨를 제거한 후 생으로 사용하는 것이 가장 좋다. 건조시킨 칠리는 타바스코 소스 등의 주원료이며, 칠리파우더는 카엔 파우더에 커민, 마조람, 마늘을 섞은 것이다.

　칠리는 비타민C가 풍부하고 소화를 촉진하며 발한작용이 있어서 감기에 효과가 있다. 또 강력한 항균작용도 있다. 칠리는 눈과 피부에 매우 자극적이므로 과즙이 피부에 묻은 경우에는 즉시 우유나 비눗물로 씻어낸다. 눈에 들어갔을 때에는 물로 충분히 씻어낸다. 많이 먹으면 위 점막을 상하게 하고, 장이나 신장에 악영향을 끼칠 수 있다. 원산지는 열대 아메리카이고, 주산지는 멕시코, 캘리포니아, 텍사스, 뉴멕시코, 인도, 아프리카, 아시아 등이며 소고기, 돼지고기 소세지, 생선, 바비큐소스, 미트소스 등에 사용된다.

(9) 파프리카(Paprika)

　'Sweet pepper' 또는 'Bell pepper'라고도 하는 파프리카는 일본에서는 프랑스어인 'piment'를 발음대로 피망이라 읽고 유럽에서는 모든 고추를 파프리카라고 부른다. 샐러드용, 생선, 새우, 수프, 소스 등에 많이 사용되며 일년 내내 생산되고 있다. 우리나라에서는 피망과 파프리카가 다른 것으로 인식하는 경향이 있다. 일반적으로 수분과 단맛이 많아 아삭아삭하게 씹히는 것을 파프리카라고 부르고 매운맛이 나고 육질이 질긴 것을 피망으로 구분하는데, 한국원예학회(1994)에서 발간한 원예학 용어집에는 모두 '단고추'로 분류하고 있다.

(10) 커리파우더(Curry powder)

　카레라는 말은 국물이라는 뜻의 인도말에서 유래된 것으로 인도가 원산지이며, 세계에서 널리 보급된 대표적인 혼합향신료이다. 더위가 심한 인도에서는 발한 작용으로 인한 상쾌감을 얻기 위해 매운 맛의 향신료를 흔히 사용하는데 커리는 매일 신선한 재료를 갈아서 만든다. 제조자가 재량껏 적당히 배합하는 커리는 배합·제조하는 데는 일정한 기준은 없으며, 원료는 빛깔을 주로 내는 것에

울금(鬱金)·사프란·진피(陳皮) 등이 있고, 매운 맛을 내는 것에 고추·생강·후추·겨자가 있고, 향미를 내는 것에 너트메그·코리앤더(Coriander : 미나리과의 고수) 마근(馬芹)·회향·정향·육계·계피 등이 있다.

(11) 팔각(大茴香, Star anise)

단단한 껍질로 싸인 꼬투리 여덟개가 마치 별처럼 붙어있는 모양의 팔각은 목련과 상록수의 열매이다. 이 열매를 건조한 후 분말형태로 만든 후 향신료로 이용하며 치즈를 사용한 요리와 케이크, 생선, 닭, 오리나 돼지고기를 이용한 요리에 첨가하면 주재료의 나쁜 냄새를 제거하면서 독특한 향으로 요리의 맛을 살리는 역할을 한다. 중국의 유명한 오향분은 스타 아니스, 펜넬, 중국 진피, 클로브, 중국 후추를 혼합한 혼합 향신료이다. 현재 이탈리아, 프랑스, 터키에서는 스타 아니스의 정유를 파스티스 등 리큐어에 향신료로 쓰고 있다. 이 외에 아름다운 모양을 살려서 포푸리나 장식품으로도 이용하고 있다. 원산지가 말레이반도이고, 이뇨작용, 식욕증진, 복부 팽만감이나 구역질을 완화하는 작용이 있다.

(12) 올스파이스(Allspice)

건조한 열매에서 시나몬, 넛맥, 클로브를 섞어 놓은 것 같은 향이 나기 때문에, 영국인 식물학자 존 레이(John Ray)가 올스파이스라는 이름을 붙였다. 올스파이스 나무는 자메이카가 원산지인 상록수로 향신료로 이용하는 것은 열매이다. 어떤 종류의 스파이스와도 잘 어울리며 육류나 생선요리, 소시지, 피클용 향신료로 쓰인다.

2. 허브(Herb)

1) 허브란?

라틴어의 'Herba'(녹색풀)에서 유래된 말로 푸른 풀을 의미하며 향기가 있고 사람들의 생활에 도

움이 되는 잎, 줄기, 꽃, 뿌리 등이 이용된다. 허브의 뜻은 식용, 신선함, 건강, 미용을 충족시키는 사람에게 유익한 식물의 총칭이다. 허브는 향신초, 향초라 하여 향기나는 신선한 잎을 말하기도 한다.

2) 허브의 종류

(1) 바질(Basil)

원산지는 열대 아시아이며 강한 향과 감미가 있고 정향과 비슷한 방향성을 지닌다. 가장 보편화되어 있는 바질은 토마토 요리에 반드시 들어갈 정도로 토마토와 잘 어울리는 허브로 향이 좋아 올리브 오일이나 식초와 혼합시키거나 바질 오일과 식초를 만들어 사용하기도 한다. 잎이나 줄기는 말려서 가금류, 육류, 토마토소스 등의 요리 향신료로 쓰이고 방향유(芳香油)는 음료나 비누의 향기를 내는 데 이용한다.

(2) 처빌(Chervil)

원산지는 서아시아, 소련남부이며 파슬리와 흡사해 보이는 허브로 다른 허브와 혼합 사용하면 독특한 풍미와 향을 북돋운다. 미식가의 파슬리로 불리는 처빌은 프랑스 요리에서 정통한 식재료로 가장 많이 쓰며 부드러운 맛을 낼 때 사용한다. 감초의 맛과 흡사하여 가금류나 해산물 혹은 다른 채소와 함께 맛을 내는 재료로 많이 쓰인다. 카로틴, 철, 비타민 C, 마그네슘 등이 다량 함유되어 있어 임산부의 목욕 시에 뿌려서 썼으며 피를 맑게 해주고 피부 청결제로 탁월한 효과가 있다고 한다.

(3) 딜(Dill)

원산지는 지중해연안, 인도이며 식물 전체에서 독특한 향이 나기 때문에 꽃·잎·줄기·종자를 허브로 사용한다. 캐러웨이종자와 비슷한 강한 풍미를 가지며 잎은 수시로 수확하고, 포기째 잘라서 그늘에 말리거나 냉동하여 사용한다. 열매는 황갈색을 띠면 송이째 잘라 바람이 잘 통하는 볕에 건조시킨 뒤, 그늘에서 완전히 말려 씨를 털어내고 건냉암소에 보관하였다가 사용한다. 잎의 정유가 비린내를 제거해 주기 때문에 생선요리에 폭넓게 사용되며 피클, 가금류요리 등에 사용되는 대표적인 허브이다.

(4) 차이브(Chives)

원산지는 유럽이며 생김새가 작은 파와 흡사하고 잎이 매우 가늘다. 독특한 풍미와 향을 내며, 신장에 강장작용, 빈혈예방, 변비해소, 혈압강하, 식욕 증진과 방부제의 역할을 한다. 고기요리·생선요리·조개·수프 등 각종 요리의 향신료로 사용되고 수프에 띄우거나, 샐러드에 장식으로 사용된다.

(5) 월계수잎(Bay leaf)

유럽 남부지방이 원산지로 건조된 잎 상태로 사용하며 달콤하고 독특한 향을 낸다. 식욕을 증진시키는 좋은 풍미와 방부력을 가지는 월계수잎은 다양한 요리에 이용할 수 있어 주방에서 빠져서는 안되는 중요한 허브이다. 고기요리, 생선요리는 물론 스튜, 수프, 소스, 피클 등에 넣고 사용 후 건져낸다.

(6) 타임(백리향, Thyme)

지중해 연안에서 많이 재배되는 향초로 학명 Thymus는 그리스어의 thuo 즉, '소독한다'에서 유래했으며, '향이 백리까지 간다' 하여 백리향이라고도 한다. 유럽에서 없어서는 안 될 대표적인 허브로 짜릿한 자극이 있는 풍미는 요리에 깊은 맛을 주어 고기요리, 어패류요리, 생선소스 등에 사용하며 재료의 여러 가지 나쁜 냄새를 제거해 준다.

(7) 사프란(Saffron)

서남아시아가 원산지인 사프란은 크로커스 꽃의 암술대를 건조시켜 만든 것으로 중량으로 따졌을 때 가장 비싼 향신료이다. 암술대는 3개이며 이 부분을 말려서, 요리할 때 조미료로 쓰거나 염료로 쓴다. 독특한 향기와 황금색으로 물드는 것이 특징이며 어류, 조개수프, 스페인요리 빠에야와 특히 부이야베스(해물수프)에서 빼놓을 수 없는 향신료로 고급 과자나 쌀요리에도 사용된다.

(8) 오레가노(Oregano)

남유럽과 서아시아가 원산지이며 특이한 향기와 맵고 알맞은 쌉쌀한 맛이 있고 마조람과 비슷한 자소과의 식물로 잎을 말려 가루로 만들어 사용한다. 방부력, 진정, 강장효과가 있어 내과, 외과의 치료제로 쓰이고 토마토가 들어가는 요리에는 필수이며 치즈, 소고기, 닭고기 요리에 쓰인다. 특히, 피자에는 빼 놓을 수 없는 향신료이다.

(9) 로즈메리(Rosemary)

달콤한 향신료로 지중해 연안이 원산지이며 라벤더와 함께 유럽에서는 옛부터 향수, 약에 사용되었다. 항균작용은 물론 강장, 진정, 소화, 수렴 등의 효과가 있고 혈액순환을 촉진시켜 기억력 증진, 신경안정, 불면증에 좋다. 거의 모든 요리에 사용되며 특히 냄새가 강한 돼지고기, 양고기, 닭고기요리, 수프, 감자요리에 쓰인다.

(10) 파슬리(Parsley)

서양요리에는 없어서는 안되는 중요한 허브인 파슬리는 유럽 남동부와 아프리카 북부가 원산지이다. 비타민 A · C, 칼슘과 철분이 풍부하고 잘게 썰어서 녹즙을 뺀 다음 요리에 뿌리고 달지 않은 요리라면 어떤 요리에도 사용할 수 있다. 월계수잎, 타임과 함께 부케가르니에 반드시 사용되고 다양한 소스와 각종요리의 장식에 사용된다.

(11) 세이지(Sage)

원산지는 지중해 연안이며 산뜻한 방향과 쓴맛을 가지며 잎을 말린 것으로 육류, 생선류의 냄새를 없애주며, 독일의 뱀장어요리, 이탈리아 송아지요리 등에 사용된다. 각종 염증의 소염제로도 사용되며, 신경 계통이나 소화기 계통에 뛰어난 약효가 있다.

(12) 타라곤(Tarragon)

시베리아, 남유럽이 원산지로 쑥의 일종이며 프랑스 요리에 풍미를 내는데 많이 사용하는 허브이다. 잎에 아니스(anise) 같은 향기와 쓴맛을 가지고 있으므로 탈탈소스, 홀랜다이스 소스, 샐러드 등에 향신료로 섞어 쓰이며, 식초에 넣어서 타라곤비니거(tarragon vinegar)라고 하여 달팽이 요리에 조미료로 쓰인다. 잎은 그늘에서 건조한 후 건냉암소에 보관했다가 필요할 때 사용한다.

알아두세요!

- **부케가르니(Bouquet garni)**

    고기나 소스를 장시간 끓일 때에 쓰는 향신료로 월계수잎, 타임, 파슬리를 함께 묶은 향초묶음으로 부케가르니는 프랑스어로 '향초 다발'이란 뜻이다. 타임, 파슬리, 셀러리, 월계수잎을 기본 배합으로 하는 부케가르니는 파슬리, 월계수잎, 로즈마리, 정향, 타임 등의 향신료와 통후추, 셀러리, 리크(Leek) 등의 향신 채소를 실로 묶거나 고정하여 스톡(Stock)이나 소스(Sauce)를 만들 때 향을 내거나 잡내를 제거하기 위하여 사용한다. 향이 우러나면 꺼낸다.

Craftsman Cook Western Food

스피이스와 허브		처빌	딜
치커리	비타민	파프리카	파슬리
래디쉬	차이브	셀러리	월계수잎
올리브	통계피	케이퍼	카이엔페퍼
정향	파프리카 가루	치즈 가루	강황
오레가노	로즈마리	통후추	바질

서양요리

제3장 조리용어와 조리방법

1. 조리용어

Hors d'oeuvre 오르되브르	전채, 식전 또는 메뉴 중 맨 처음 나오는 것으로, 식욕을 돋우는 요리인 만큼, 맛과 향기는 물론 예쁘고 섬세하게 만들고 장식한다.
Canapé 카나페	오르되브르의 일종으로, 얇게 썬 빵조각 위에 치즈, 달걀, 햄 등의 여러가지 재료를 올려서 만든 것이다. 주로 애피타이저나 간단한 다과에 많이 이용한다.
Blend 블렌드	두 가지 이상의 재료를 혼합한 것이다.
Braise 브레이즈	육류를 버터나 오일로 볶다가, 베이컨이나 채소를 넣고 스톡을 넣어 끓이는 요리방법이다.
Broil 브로일	육류에 직접 열을 가해 굽는 방법이다.
Brochette 브로셋트	꼬치에 재료를 꽂아 요리한 요리재료이다.
Sauté 소테	충분히 달군 팬에 소량의 버터나 기름을 두르고, 재빨리 구워 내는 요리이다.
Casserole 캐서롤	식품을 구워 차려내는 도기 접시나 포트이다.

Craftsman Cook Western Food

Crouton 크루톤	얇게 썬 식빵을 정육면체 모양으로 잘게 썰어 버터에 볶거나 기름에 튀긴 것으로, 수프에 액세서리로 사용하거나 샐러드에 곁들여 낸다.
Cutlet 커틀렛	작고 납작한 뼈가 없는 고기조각으로 돼지고기와 소고기, 닭고기 등에 사용되는 용어이다.
Grill 그릴	석쇠구이로 육류나 어패류 등에 양념을 하여 석쇠에 놓고, 표면에 구운 자국이 나게 굽는 요리이다.
Gratin 그라탱	오븐구이로 조리거나 데친 재료를 그릇에 담아 소스를 만들어 끼얹고 빵가루, 치즈, 버터를 뿌려 오븐에서 노릇노릇하게 구운 요리로 감자, 고구마를 많이 사용한다.
Meuniere 뫼니에르	생선에 버터를 두르고 알맞게 구워 내는 방법으로, 버터의 맛에 생선의 비린내가 가려진다.
Barbecue 바비큐	'통째로 굽는다' 는 뜻으로 소고기, 돼지, 닭 등에 소스를 발라 굽는것이다.
Stew 스튜	고기, 채소 등 여러 가지 재료를 넣어 걸쭉하게 끓인 요리이다.
Bouillabaisse 부이야베스	흰살 생선, 새우, 조개류 등의 재료를 냄비에 넣고 조린 수프겸 생선 요리이다.
Consomme 콘소메	부이용으로 만들어 스톡만을 넣고 끓인 맑은 수프이다.
Batter 배터	밀가루, 설탕, 달걀, 우유 등을 혼합한 반죽이다.

서양요리

Potage 포타즈	육류, 생선, 채소류를 기본으로 받아낸 국물에 다시 채소, 콩류, 곡류 등을 삶아 으깬후 섞어서 끓인 걸쭉한 수프이다.
Bouillon 부이용	스톡과 비슷한 국물로 고기와 채소를 넣고 끓인 것으로, 스톡보다 더 맑고 맛이 풍부하다.
Stock 스톡	고기, 생선, 채소에서 우려낸 국물로 소스, 스튜 등에 널리 이용되며, 수프를 끓일때 주로 사용한다.
Fritter 프리터	고기, 생선, 채소 등에 배터를 입혀 튀긴 것이다.
Rizotto 리조토	다진 양파와 버터로 쌀을 볶아 부이용을 붓고 구운 것으로, 토마토 소스와 버터를 넣고 부드럽게 만든 쌀요리이다.
Marinade 마리네이드	고기를 부드럽게 해주고, 맛을 주기 위해 프렌치 드레싱이나 기름과 식초의 혼합액에 담가 두는 것이다.
Melt 멜트	식품에 열을 가하여 액체로 만드는 것이다.
Mince 민스	재료를 잘게 다지는 것이다.
Pasta 파스타	마카로니, 스파게티, 누들, 라비올리 등 각종 면요리를 이탈리아어로 파스타라고 한다.
Puree 퓨레	고기, 채소, 과일 등을 푹 익혀 거른 것으로 수프, 소스의 기본이 되는 액즙이다.

Compote 콤포트	여러 가지 과일들을 설탕에 절여 놓는 것이다.
Roux 루	같은 양의 밀가루와 버터를 볶아 만든것으로 소스, 수프, 고기국물 등에 넣어 걸쭉하게 만든 것이다.
Veiouts 부루테	스톡과 루를 혼합하여 만든 매끄럽고 미끈미끈한 흰색 소스이다.

2. 조리방법

Blanching 살짝 데치기	채소 등을 끓는 물에 순간적으로 넣었다가 꺼내어 찬물에 식힘
Poaching 데치기	60~80℃의 물에 서서히 내용물을 익히는 방법
Simmering 은근히 끓이기	95~98℃의 물에서 뭉근히 끓여 국물을 낼때 쓰는 조리법
Boiling 끓이기	끓는 물에 내용물을 넣어 완전히 익히는 조리법
Steaming 찜	200~250℃의 증기압으로 찌는 조리방법으로, 영양분 손실과 맛의 변화가 거의 없음
Deep pat frying 튀김	170~190℃의 기름에서 튀김. 온도가 너무 낮으면 재료에 기름이 흡수되어 튀김이 바삭하지 않으므로 적당량만 넣고 조리할 것

Grilling 직화구이	220~260℃의 불에서 시작하여 150~210℃의 온도에서 끝냄
Gratinating 표면구이	요리의 마무리작업으로 요리재료 위에 Sauce, Egg, Butter, Cheese 등을 뿌려 살라만더, 오븐 등에서 표면만 갈색이 나오도록 굽는 방법
Roasting 구이	200~260℃의 불에서 시작하여 160~200℃의 온도에서 끝내며, 계속적으로 기름을 칠하면서 구워냄
Glazing 조림	내용물에 물이나 Stock을 넣고, 약한불(150~200℃)에서 서서히 조리다가 물기가 거의 없어지면 타지 않게 계속 저어줌

3. 채소 썰기

Allumette 알루메트	6cm×0.3cm×0.3cm의 성냥개비 모양으로 썰기
Batonnette 바토네트	6cm×0.6cm×0.6cm의 작은 막대기모양으로 썰기. 알루메트보다 조금 크다.
Brunoise 브로노이스	3mm 정도의 아주 작은 주사위 모양으로 썰기
Chateau 샤또우	달걀 모양으로 길이는 5cm, 가운데는 두툼하고 양 모서리는 가늘게 만든 모양으로 썰기
Chiffonade 치포네드	실처럼 가늘게 썰기

Chip 치프	0.7cm 두께로 둥글게 썰기
Chopping 찹	채소를 곱게 다지기
Concasse 콘카쎄	가로 세로 0.5~0.7cm 정도의 정사각형 모양으로 썰기 (주로 씨를 제거한 토마토)
Cube 큐브	가로 세로 2cm의 정육면체 모양으로 썰기
Macedoine 마세도안	5mm 정도의 주사위 모양으로 썰기. 다이스와 브로노이스 중간크기 (Small dice)
Julienne 줄리안	길이 5cm, 두께 1mm 정도로 가늘고 길게 썬 형태로 당근, 셀러리 등을 조리할 때 쓰인다.
Mirepoix 미르포와	어슷하게 썰어 단면적을 넓게 썬 것
Olivette 올리베트	올리브처럼 모양내기
Paille 펠레	길이 4cm, 두께 5mm 정도로 굵고 길게 썰기
Parisienne 빠리지엔	둥근구슬 모양썰기

Paysanne 페이산	다이아몬드형으로 썰기
Pont neuf 폰 네프	길이 6cm 정도의 Fly potato 모양으로 썰기
Rectangle 렉탕글	길이 4cm, 두께 3mm 정도로 조금 굵고 길게 썰기. 펠레와 줄리안의 중간 정도
Vichy 비취	0.3cm 두께로 둥글게 썰어 가장자리를 둥글게 도려내어 모양을 내는것
Dice 다이스	가로 세로 1cm의 정육면체 모양으로 썰기

Craftsman Cook Western Food

 메뉴와 테이블세팅

1. 메뉴

1) 아침식사(Breakfast)

서양요리의 아침식사는 블랙퍼스트라 하여 단식을 깬다는 의미를 지니고 있다. 보통 아침 메뉴로는 과일, 주스, 토스트, 오트밀, 달걀요리, 콘플레이크, 커피 등을 즐긴다.

(1) 가벼운 식사(Light breakfast)

① 과일 주스 또는 과일(Fruit juice or Fruit)

② 토스트(Toast)

③ 음료(Beverage) : 홍차 또는 커피

(2) 보통 식사(Medium breakfast)

① 과일 주스 또는 과일(Fruit juice or Fruit)

② 곡류 음식(Cereal)

③ 달걀요리(프라이, 보일, 스크램블)

④ 빵(Bread)

⑤ 음료(Beverage)

(3) 여러 가지를 갖춘 식사(Heavy breakfast)

① 과일 주스 또는 과일(Fruit juice or Fruit)

② 곡류 음식(Cereal)

③ 달걀과 베이컨(Egg and Bacon), 머슈루움, 베이크드 토마토

④ 빵(Bread)

⑤ 음료(Beverage)

2) 점심식사(Lunch or Supper)

점심식사는 아침보다는 약간 풍성하게 하는 것이 좋다. 간단한 전채요리(오르드뵈르), 육요리, 샌드위치류, 스파게티, 마카로니 같은 면요리, 샐러드 등과 같이 간단히 하는 경우와 일품요리에 수프, 샐러드, 채소요리까지 포함하는 경우도 있다.

① 수프(Soup)

② 샌드위치(Sandwich)

③ 샐러드(Salad)

④ 후식(Dessert)

⑤ 음료(Beverage)

3) 가벼운 저녁식사(Lunch or Supper) 또는 저녁식사(Family dinner)

저녁은 아침, 점심에 비해 비중을 크게 두게 되는데, 가볍게 드는 저녁식사와 여러 가지를 갖춘 가족 디너가 있다. 가족 디너에는 전채요리로 시작해서 고기요리가 주가 되며 수프, 생선요리, 샐러드, 채소요리, 빵, 음료, 후식 등이 곁들여진다. 저녁식사는 생선, 고기류에 포도주를 곁들이는 것이 좋다.

알아두세요!

- **적포도주(Red wine)**
  감미가 적고 적당한 산미와 쓴 기운 때문에 진한 고기요리 등에 잘 어울린다. 섭씨 17℃ 정도의 약간 차다고 느낄 정도로 마시는 편이 좋다.

- **백포도주(White wine)**
  담백한 맛이 나며 생선요리, 조개요리와 곁들이면 잘 어울린다. 섭씨 10℃ 정도로 차게 해서 마시는 것이 좋다. 서빙온도에 유의한다.

(1) 가벼운 저녁식사(Supper)

① 수프(Soup)

② 일품요리(One-dish meals) 또는 주요리(Meat, Vegetable)

③ 샐러드(Salad)

④ 빵(Bread)

⑤ 후식(Dessert)

⑥ 음료(Beverage)

(2) 가족 디너(Family dinner)

① 수프 또는 과일 칵테일(Soup or Fruit cocktail)

② 주요리(Meat, Vegetable, Potato)

③ 샐러드(Salad)

④ 빵(Bread)

⑤ 후식(Dessert)

⑥ 음료(Beverage)

4) 정찬(Formal dinner)

행사가 있을 때에 손님을 정식으로 초대하여 음식을 대접하는 것으로, 점심 때 차리는 것을 오찬, 저녁 때 차리는 것을 만찬이라 한다.

정찬의 메뉴로는 전채요리, 주류 및 음료, 수프, 생선요리, 앙뜨레, 고기요리, 채소요리, 샐러드, 과일, 음료가 있다.

① 애피타이저(APPetizer : Hors d'oeuvre)
② 수프(Soup)
③ 생선요리(Fish)
④ 고기요리(Meat)
⑤ 샐러드(Salad)
⑥ 후식(Dessert)
⑦ 음료(Beverage)

(1) 전채요리

영어로는 에피타이저(Appetizer), 불어로는 오르드뵈르(Hors d' Oeuvre)라고 한다. 서양메뉴에서 독립적인 전채요리는 아무 때나 내놓아도 되지만, 일반적으로 메뉴의 처음에 가벼운 술과 함께 나온다. 식욕을 돋구기 위한 것이므로 적은 양이 나와야 한다. 또한 시각적으로 보기 좋게 나오는 것이 좋다. 전채의 종류로는 찬전채(Cold Hors d' Oeuver)와 더운전채(Hot Hors d' Oeuver)로 나눈다.

① 찬 전채

전채요리로는 카나페(Canape'), 피클, 신선한 채소, 치즈와 햄, 소시지, 연어, 굴, 달걀, 과일 등이 있다.

② 더운 전채

전채요리로는 푸리터(튀김요리), 구워낸 육류(베이컨 말이, 간, 굴, 소시지와 달팽이요리, 새우, 조개류 등)와 소형 크로켓, 미트볼, 팬케이크 등이 있다.

③ 주류 및 음료

　식사 전 전채요리와 곁들여 마시는 포도주는 셰리주가 좋다. 칵테일로는 마티니, 맨하튼, 오울드 패션, 다큐리와 하이볼, 펀치류 등을 마신다. 칵테일을 마실 때에는 진저일, 소다, 토닉워터, 물 등을 함께 준비한다.

(2) 수프

　우리나라의 국과 비슷한 것이 수프인데, 종류와 내용도 다양하다. 보통 주식에는 부용과 같은 여러 가지 수프를 쓰고, 겨울철에는 포타쥬 같은 짙은 수프가 좋고, 정찬 시에는 맑은 수프를 사용한다.

　풀 코스(Full course)에서 수프는 오드블 다음에 나오는 요리이다. 수프의 맛이 좋으면 나중에 나오는 요리의 맛을 살릴 수 있다. 오드블은 본래 메인코스(Main course)에서 벗어나 있는 성질의 것으로, 수프부터 본격적인 식사라 할 수 있다.

　일반적으로 서양요리의 국(湯)의 총칭으로서 수프란 말을 사용하고, 수프 가운데 맑은것을 콘소메, 진기가 있는 것을 포타쥬라고 한다.

① 수프의 종류

　㉠ 맑은 수프(Clear soup)

- 콘소메(Consomme) : 채소와 고기를 넣어 오랜시간 푹 삶아 걸러낸 맑은 수프
- 부용(Bouillon) : 채소와 고기를 삶아 끓여낸 수프

　㉡ 걸죽한 수프(Potage)

- 포타쥬(Potage) : 채소 또는 육류와 생선을 끓여낸 국물에 채소, 콩류, 곡류 등을 넣어 삶아 으깨어 만든 걸죽한 수프
- 크림수프(Cream soup) : 밀가루를 버터에 볶은 루(Roux)에 육수를 부어 만든 수프
- 차우더(Chowder) : 조개, 생선, 채소, 고기 등의 건더기가 많은 수프
- 스튜(Stew) : 고기를 큼직하게 썰어, 채소와 함께 볶다가 육수를 부어 뭉근하게 끓여 만든것

- 콘소메 리에(Consomme lie) : 콘소메에 노른자와 생크림을 넣고 진하게 한 것
- 타이에(Tailler) : 재료(채소)의 모양을 작은 정육면체 모양으로 곱게 가지런히 썰어, 부용으로 조려서 거르지 않고 그대로 먹는 수프
- 푸레 수프(Puree soup) : 당근, 완두콩, 감자, 옥수수 등의 채소를 물이나 부용으로 조려서 부드럽게 한 후, 체로 걸러 생크림이나 우유로 농도를 조절한 수프

② 수프의 액세서리(Accessoriese)

맑은 수프에는 레몬즙을 얇게 썰어 띄우기도 하고, 마카로니 국수 삶은 것, 채소 볶은 것 등을 사용한다. 걸쭉한 수프에는 달걀노른자, 식빵을 버터에 볶거나 또는 기름에 튀긴 쿠루톤(Cruton), 치즈, 베이컨 볶은 것, 크랙커 등을 쓴다.

③ 수프 스톡(Soup Stock)

우리나라에서 흔히 말하는 육수 또는 뼈 국물이며, 수프의 기초가 되는 소고기나 닭고기 국물을 말한다. 수프 스톡이 맛있게 만들어져야 수프 또는 소스 등이 맛있게 된다.

㉠ 화이트 스톡(White stock)

소고기의 가슴살이나 뼈, 닭고기의 목, 날개, 다리뼈 등을 물에 푹 삶아서 고운 체에 걸른 국물을 말하는데, 삶을 때에 셀러리, 당근, 양파, 파슬리 등을 넣어 끓이면 육류의 여러 가지 잡냄새가 제거되며, 중간불 이하에서 5~6시간 정도 푹 끓인다.

㉡ 브라운 스톡(Brown stock)

고기의 살과 뼈를 강한 불에 기름을 넣고 볶다가, 여러 가지 채소(양파, 양배추, 셀러리, 파슬리 등)를 함께 갈색이 나도록 볶은 후, 물을 붓고 푹 끓여 갈색의 고기국물을 만들어 체로 걸러낸 육수를 말하며 맑게 끓이는 것이 좋다.

(3) 생선요리

싱싱한 생선, 훈연한 생선, 통조림생선, 소금에 절인 생선 등을 여러 가지 방법으로 조리를 하는데

요리 시 백포도주를 넣어 만들며, 생선요리를 먹을 때에도 백포도주를 곁들이면 좋다. 생선요리로는 오븐구이(Baked fish), 튀김(Fried fish), 삶은 생선(Poached fish), 생선찜(Steamed fish), 버터구이(Meunie're) 생선에 크림 소스를 얹어 오븐에 구운 그라탕(Gratin) 등이 있다.

(4) 앙뜨레(Entree')

고기요리를 먹기 전에 간단히 먹는 요리로, 부드러운 닭고기, 양고기, 돼지고기 등으로 만든다. 조육요리는 통째로 구워내는 것이 통례이다. 약식 정찬에서는 앙뜨레는 생략하고, 고기요리를 먹는 경우가 많다.

(5) 고기요리

정찬에서 중심이 되는 요리로, 수육류를 오븐이나 직화로 굽거나 튀김을 하는 경우도 있다. 고기요리를 먹을 때에는 적포도주를 곁들이면 좋다. 수육류로는 소고기(Beef), 돼지고기(Pork), 송아지고기(Veal), 양고기(Mutton), 어린 양고기(Lamb) 등이 있다.

(6) 채소요리(Vegetable)

고기요리에 곁들여 나오는 것으로 따뜻하게 만든 것이다. 단백질과 지방분이 많은 고기요리에 소화를 돕고, 영양상 균형을 이룰 수 있도록 하는 역할을 한다.

양식요리의 곁들임에 사용되는 채소로는 시금치, 감자, 오이, 토마토, 당근, 셀러리, 호박, 가지, 컬리플라워, 브로콜리, 아스파라거스, 완두콩, 옥수수, 껍질콩, 양배추, 양파, 비츠, 고구마, 래디쉬 등이 쓰인다.

(7) 샐러드(Salad)

채소를 익히거나 생것을 차게하여 만든 것으로, 어울리는 소스나 드레싱을 곁들여 샐러드의 맛을 살린다. 샐러드에 사용되는 재료는 다음과 같다.

① 채소 : 양상치, 양배추, 감자, 붉은 양배추, 토마토, 오이, 당근, 피망, 컬리플라워, 래디쉬, 비트
② 육류 : 햄, 닭고기
③ 해물 : 조개류, 게, 새우, 달걀, 치즈, 너트(콩종류)
④ 과일 : 사과, 귤, 바나나, 배, 파인애플, 딸기 등

(8) 디저어트(Dessert)

식사의 마지막 단계로, 케이크류나 신선한 과일이 좋다. 메뉴로는 푸딩, 파이, 케이크류, 초코렛, 신선한 과일과 후루츠칵테일, 아이스크림과 샤벳 등이 있다.

(9) 음료(Beverage)

정찬에서 마지막 코스이며, 음료로는 커피와 홍차가 있다.

5) 풀코스 메뉴(Full course menu)

정식메뉴(Table d'hote menu)라고도 하며 주기적으로 새로운 메뉴를 만들어 고객의 기대와 기호를 충족시켜 주기위해 매일 변화있게 만들어야 하지만 재료의 한계로 반복되는 경우가 많다.

6) 티 파티(Tea party)

오전 10~11시경, 오후 3~5시경에 친한 사람들끼리 정원이나 거실 등에 모여 간단한 다과나 케이크와 음료를 준비하여 짧은 시간에 즐기는 모임이다. 주로 과일주스 또는 과일펀치, 커피 또는 홍차에 케이크, 쿠키, 샌드위치, 페이스트류 등을 준비한다.

7) 뷔페 파티(Buffer party)

많은 사람들이 모여 음식을 먹는 식사 형식을 말한다. 준비된 음식을 큰 그릇에 담고 각기 개인용 접시와 컵, 내프킨, 서빙용 스푼, 포크를 준비한다. 손님은 각기 개인용 접시에 원하는 음식을 조금씩 담아 음식을 들면서 사람들과 자유롭게 환담을 나눈다.

2. 테이블 세팅(Table setting)

1) Table setting의 순서

① Under cloth를 깐다.
② Table cloth를 깐다.
③ Centerpiece를 Table의 중심에 놓는다.
④ Piace platr를 놓는다.
⑤ Cutlery를 놓는다.
⑥ Glass를 놓는다.
⑦ Napkin을 접어서 Fork의 왼쪽 또는 접시의 중앙에 둔다.

2) 종류

(1) Formal Table

Formal Table은 엄격한 프로토콜이 요구되는 국가간 외교행사, 웨딩, 기념파티 같은 상황에서 이루어진다.

Formal table setting은 린넨의 다마스크직 테이블 클로스, 조각이 풍부한 크리스털 글래스, 은제품의 커트러리, 또는 자기로된 테이블, 금장이 둘러진 포세린 테이블 웨어를 메뉴에 따라 Double 또는 Triple로 세팅한다. 그밖에 다이아몬드 형의 플라워 어레인지먼트, 촛대, 소금, 후추통, 네임카드, 메뉴카드 등을 배치한다. 식사는 쉐프에 의해 준비되고, 그 계절의 신선한 재료로 만든 다양한 코스 요리와 최상의 와인을 대접한다. 하루 중 늦은 시간에 열리는 Formal dinner는 8시~8시 30분경에 안주없이 칵테일이 나오고 30~40분 후에 식사가 나온다. 초대받은 손님은 여성, 남성 모두 정장을 하고 오며 주차는 대리인에게 맡긴다. 초대장을 받은 후 그에 대한 답변을 며칠 전에 해주어야 하고 초대에 응할 시 선물을 미리 보내기도 한다.

(2) Informal table

오늘날과 같이 바쁜 시대에는 대부분 사람들이 Formal style의 Table, 식사매너와 같은 형식에 얽매이지 않고, 자유롭고 편안한 Informal style의 식사를 즐긴다. 손님들이 직접 만든 요리를 가지고 오는 Potluck party, 종이와 플라스틱 테이블 웨어를 사용할 수 있는 야외 Picnic, 많은 인원이 준비된 음식을 스스로 서브하여 즐기는 Buffet 등이 시간과 공간의 구애받지 않고 즐기는 Informal sytle table이다. 메뉴는 Formal table에 비해 간단한 코스(수프나 샐러드 - 메인요리 - 디저트)로 준비할 수 있고, 호스트나 호스티스가 직접 요리하거나 가족, 친구, 고용인의 도움을 받기도 한다.

(3) Linen

① Under cloth

테이블 클로스보다 길이가 짧고 두께가 약간 있는 것을 선택하여 핀, 테이프로 고정시킨다. 식사를 테이블에 놓을 때 나는 소음과 식기가 미끄러지는 것을 방지하는 역할을 한다.

② Table cloth

㉠ 천연소재인 아사, 면, 마로 만드는 것이 좋고 무게감이 있는 것이 좋다.

㉡ 정찬, 연회 : All over style(바닥까지 닿는 길이)

㉢ Formal style : Table 모서리에서 50~60cm

㉣ 가정의 Table : 모서리에서 20~30cm 아래

③ Luncheon mat

㉠ 가로 45cm, 세로 35cm가 기본 사이즈이다.

㉡ 주로 Casual style setting 때 이용하고 천이 아닌 도기, 유리, 왕골 등을 쓰기도 한다.

④ Napkin

　㉠ Formal size는 50~60cm, 가정용은 40~45cm이다.

　㉡ 칵테일 또는 Tea party용은 15~20cm가 적당하다.

⑤ Runner : 폭 30cm 정도

⑥ Kitchen towel

(4) table ware

① Personal item

　㉠ Place(Service)plate(30cm), Dinner dish(27cm)

　㉡ Salad / Cake dish(21cm 전후 – 뷔페용으로 좋다)

　㉢ Cereal bowel(19cm 전후), Soup dish(21cm 전후)

　㉣ 빵접시(15~17cm), Cup & Saucer

　㉤ Service Item : Oval형 dish, Sauce bowl, 샌드위치 접시, Tea pot

(5) Cutlery

① Personal item : Dinner form / Knife / Spoon, Cake fork, Tea spoon

② Service item : Cake server, Salad server, Curving knife

③ Soup / Sauce / Sugar 레토르(국자)

(6) Glass

① Personal item : 샴페인 잔, 와인 잔, 물잔 등

② Service item : Pitcher(찬 음료 담아두면 좋다)
　　　　　　　　 Decanter(와인 보관 병)

(7) Centerpiece

    화기, 촛대 등

(8) Figurement

    ① 초와 촛대

    ② 소금, 후추병

    ③ Name folder

    ④ Napkin rinen

(9) Attachment

3) 테이블 위에서 요리세팅

① 테이블은 단순하고 심플하게 유지한다. 많은 동작들 때문에 어수선하고 혼란스럽지 않도록 주의한다.

② 각자 먹기 편하도록 음식과 음식의 간격이나 개인접시의 위치를 고려한다.

③ 작은 소스접시들이 많이 있을때 함께 모아서 조화롭게 배치한다.

④ 테이블은 간단하면서도 작은 악센트를 주어 깔끔하게 연출하는 것이 좋다.

⑤ 식기 등에 통일감을 준다.

⑥ 식탁의 경우 소재나 무늬를 통일하면 지저분해 보이지 않는다.

제5장 서양요리의 서빙순서와 식사예절

1. 서빙순서

① 에피타이저(Appetizer : Hors d'oeuvre)

식사 전에 입맛을 돋우기 위한 것이므로 조금만 먹는 것이 좋다. 여러 종류를 모아 놓은 경우에는 웨이터가 플레이트에 얹어 권하므로, 서비스용 스푼을 오른손에 들고, 왼손의 포크로 떠받쳐 먹고 싶은 것을 덜어 담는다. 먹을 때에는 나이프와 포크를 사용하는데 카나페, 셀러리, 파슬리 등은 손으로 먹어도 된다.

② 수프(Soup)

종류로는 콩소메(Consomm'e : Clear soup)와 포타즈(Potage : Thick soup)가 있다. 다음에 나오는 요리가 기름진 것이면 콩소메, 담백한 것이라면 포타즈로 하는 것이 좋으나, 이에 상관없이 기호에 따라 선택하여도 된다.

수프를 먹을 때에는 스푼을 안쪽에서 바깥쪽으로 움직이며 스푼 전체를 입속에 넣지 않고 스푼 옆으로 수프를 흘려 넣어 먹는다. 마시는 소리가 나지 않게 주의해야 하며, 수프가 적어지면 접시를 약간 기울여서 먹는다. 양쪽에 손잡이가 달린 용기에 담겨져 나올 때에는 손으로 들고 먹으면 된다. 이 경우에는 스푼으로 온도를 조절하거나, 건더기를 먹으면 된다. 스푼을 사용한 뒤에는 접시의 바깥쪽에 놓는다.

③ 생선요리(Fish)

- 생선요리에는 레몬이 곁들여 나오는데, 반달 모양의 레몬은 즙이 튀지 않도록 왼손으로 가리고, 오른손 손 끝으로 짜듯이 하여 끼얹는다.
- 생선 위에 레몬조각이 얹혀져 있는 경우에는 포크로 누르고, 나이프로 훑어 즙을 생선 위에 짜낸 다음 접시의 바깥쪽에 놓는다.

- 머리와 꼬리가 붙은 생선은 포크로 머리를 누르고, 나이프로 머리와 꼬리를 떼어낸 후 등지느러미와 가슴지느러미를 떼어서 접시 바깥쪽에 모아 놓는다.
- 윗부분 살은 나이프로 뉘어서 속뼈 위를 미끄러뜨리듯 해서, 뼈에서 떠내어 접시 안쪽에 놓고 한입 크기로 자른다.
- 윗부분 살을 먹고 드러난 속뼈는 나이프와 포크로 떠내서, 접시 바깥쪽에 두고 밑부분의 살도 같은 방법으로 먹는다.
- 생선을 뒤집어서는 먹지 않도록 주의한다.
- 껍질이 붙은 새우요리도 나이프와 포크를 사용한다. 포크로 머리 부분을 누르고 등껍질과 살 사이에 나이프를 넣어 살을 떼어낸다. 배 쪽도 나이프를 사용해서 살을 떼어내고 꼬리 부분에서 살을 자른다. 껍질과 살이 분리되면 꼬리 부분에 포크를 찌르고 꼬리 쪽 껍질 부분을 나이프로 눌러 살을 떼어낸다. 들어낸 살은 접시 앞쪽에 놓고 왼쪽부터 잘라 먹는다.

④ 고기요리(Meat)
- 육류요리를 먹을 때에는 위에 얹혀 있는 버터를 나이프로 고기 전체에 발라서 녹인다.
- 나이프로 고기를 썰 때에는 고기의 왼쪽 끝을 포크로 살짝 누르고, 한입에 먹기 좋은 크기로 자른다.
- 고기를 한꺼번에 다 잘라 놓으면 고기가 빨리 식고, 미관상 좋지 않으므로 한 조각씩 잘라 먹도록 한다.
- 나이프를 사용할 때 너무 누이면 접시에 닿아 거슬리는 소리가 나고, 너무 세우면 팔꿈치가 어깨위로 올라가 보기 흉하므로 주의해야 한다.

⑤ 샐러드(Salad)
- 샐러드는 고기요리에 뒤따라 나오는데, 1인분씩 나오는 경우와 샐러드볼에서 덜어 먹는 경우가 있다.

- 자기가 직접 덜 때에는 왼손의 서비스용 스푼으로 샐러드를 뜨고, 오른손의 포크로 가볍게 눌러 접시에 가져간다. 드레싱은 2~3종류가 나오더라도 입맛에 맞는 것 하나만 끼얹어 먹도록 한다.
- 샐러드는 고기요리에 곁들여서 먹으면 된다.

⑥ 후식(Dessert)
- 미국에서는 식사 후에 나오는 과일, 케이크, 아이스크림, 치즈 등을 말하지만, 영국에서는 과자 종류 다음에 나오는 과일을 말한다.
- 핑거 볼은 손가락으로 집어먹는 요리의 다음에 나오는 것이 원칙이지만, 보통 디저트 앞에 과일 접시에 얹어 내온다.
- 손가락을 씻을 때에는 두 손을 한꺼번에 씻어서는 안 되며, 한쪽씩 손끝만 가볍게 씻고 냅킨으로 닦는다.

⑦ 음료(Beverage)
- 커피, 홍차, 코코아, 밀크 등이 있으며, 정찬 후에는 데미타스 컵에 진한 커피가 나온다.
- 설탕과 밀크는 자기 입맛에 맞게 조절한다.

2. 식사예절

1) 식사 전

① 약속시간 5~10분 전에 도착하여 주최자에게 인사를 한 후, 응접실에서 기다린다.
② 식사 도중에 자리를 뜨면 실례가 되므로, 회장에 들어가기 전에 반드시 화장실에 가서 손을 씻고, 일을 마치도록 한다.
③ 회장에는 불필요한 물건을 가지고 들어가지 않는다.

④ 회장에는 서비스원의 안내에 따라 들어가 정해진 자리에 앉는다. 테이블 매너로는 레이디 퍼스트가 기본원칙이므로 여성이 먼저 자리에 착석한다. 웨이터가 의자를 뒤로 끌어 주면 의자의 왼쪽으로 들어가 앉고, 그렇지 않을 때에는 스스로 조용히 당기어 앉는다.

⑤ 착석한 자세도 테이블 매너의 기본이 되므로 주의를 요한다. 테이블과 가슴과의 거리는 주먹 2개가 들어갈 정도로 떨어져야 하므로, 의자를 잡아당겨 바싹 앉고 가슴을 편다. 다리를 꼬지 않으며, 테이블에 팔꿈치를 괴지 않도록 한다.

⑥ 냅킨은 전원이 착석한 후 펴서 무릎 위에 놓고, 떨어지지 않도록 한쪽 끝을 옷 사이에 살짝 끼어 놓는다.

⑦ 아페리티프(食前酒)는 기호에 따라 주문하고, 익숙하지 않은 것이나 알코올 성분이 강한 것을 마시지 않는다.

⑧ 식사를 시작하기 전에 양 옆에 앉은 사람에게 가볍게 인사하고, 간단한 자기소개를 하여 식사 중의 환담에 도움이 되게 한다. 식사를 하지 않을 때는 손은 가볍게 주먹을 쥐고 식탁 위에 얹거나, 한쪽 손을 테이블 가장자리에 가볍게 얹는다.

2) 식사 중

① 식사순서에 따라 사용하는 나이프, 포크, 스푼 등은 준비된 상태에서 바깥쪽으로부터 차례로 사용한다.

② 다른 사람과 보조를 맞추어 식사를 시작한다.

③ 다른 사람들과 비슷한 속도로 식사하도록 한다.

④ 수프는 소리나지 않게 떠먹는다.

⑤ 빵은 큰 덩어리째로 버터를 바르지 말고, 한번에 입에 넣기 좋은 크기로 떼어 버터를 발라 먹도록 한다.

⑥ 버터는 적당한 양을 자기 접시에 덜어다 놓은 후 빵에 바른다.

⑦ 빵은 나이프나 포크를 사용하지 않고 손으로 떼어 먹는다.

⑧ 생선이나 육류요리를 서비스받을 때는 무리하여 자기가 덜어오지 말고, 서비스하는 사람이 덜어 주는 대로 받도록 한다.

⑨ 고기 요리에 곁들이는 채소와 소스가 온 후에 먹기 시작한다.

⑩ 식사 중에는 좋은 분위기를 만들기 위하여 옆사람들과 가벼운 대화를 나누는 것이 좋다. 말없이 식사만 하면 실례가 된다.

⑪ 테이블 스피치를 하는 경우에는 사회자가 지명하면 스피치를 하고, 가능한 간단히 하는 것이 좋다.

⑫ 식사 도중에 자리를 뜨는 것은 실례가 되나, 불가피하게 자리를 떠야 할 때는 냅킨을 의자 위에 놓도록 한다. 냅킨을 옷에 끼운 채 움직이면 실례가 되고 보기에도 좋지 않다.

⑬ 나이프나 포크를 바닥에 떨어뜨렸을 때는 줍지 말고 서비스원에게 새 것을 달라고 한다.

⑭ 소금이나 후추는 팔을 길게 뻗어 집어오지 말고 옆 사람에게 부탁하여 받는다.

⑮ 식사가 끝나면 나이프와 포크를 가지런히 접시 위에 놓고, 끝나지 않았을 때는 접시 양쪽에 걸쳐 놓는다.

⑯ 음식은 되도록 남기지 말고 깨끗이 먹는다.

⑰ 음료는 자기 오른쪽에 있는 것을 마시고, 빵과 샐러드는 왼쪽에 있는 것을 먹는다.

⑱ 술 또는 커피같은 음료를 원하지 않을 때는 분명하게 거절하고 남기지 않도록 한다.

⑲ 생선은 접시 위에서 뒤집지 않는다.

⑳ 로스트 치킨과 통째 내놓은 옥수수와 빵은 손으로 먹어도 좋으나, 그 외의 음식은 손으로 먹어서는 안 된다.

㉑ 샐러드는 육류요리와 번갈아 먹는 것이 좋다.

㉒ 스파게티는 포크에 감아서 먹는다.

㉓ 아이스크림에 붙어 있는 웨이퍼는 아이스크림의 찬 느낌을 덜기 위한 것이므로, 아이스크림과 번갈아 먹는다.

㉔ 커피를 다 마신 후 스푼은 컵 속에 담아 놓지 말고 접시 위에 놓는다.

㉕ 핑거 볼에는 양쪽 손을 함께 넣고 씻지 말고 한 손씩 씻는다.

알아두세요!

- **냅킨 사용법**
  - 주빈이 냅킨을 들어 깔기 시작하면 냅킨을 집어 다 펴지 말고, 접은 후 접힌 부분이 몸 쪽으로 오게 무릎 위에 편다.
  - 냅킨은 식사 중에 음식이 묻은 입가나 핑거 볼로 씻은 손가락 등을 닦는 데 사용한다.
  - 술잔에 루즈가 묻었을 경우에는 왼손으로 글라스를 잡고, 냅킨 자락으로 가볍게 문질러 루즈를 닦아낸다.
- **포크와 나이프 사용법**
  - 포크와 나이프는 바깥쪽부터 차례로 사용한다.
  - 음식을 자를 때에는 반드시 왼손으로 포크, 오른손으로는 나이프를 사용한다.
  - 음식을 먹을 때에는 왼손에 쥐었던 포크를 오른손으로 옮겨 잡고, 음식을 먹어도 무방하다.
  - 식사 도중에 자리를 비우거나 물, 포도주를 마실 때에는 포크와 나이프를 접시 가장자리에 여덟 팔자(八)로 걸쳐 놓고, 식사가 끝나면(포크는 끝이 위를 향하게 하고, 나이프는 칼날이 안쪽으로) 가지런히 접시 위에 놓는다.

3) 디저트(Dessert)

서양요리에서는 설탕을 거의 사용치 않으며, 전분도 적게 사용하므로 식후의 디저트는 달콤하고 부드러운 것이 일반적이다. 디너의 따뜻한 디저트로는 푸딩, 크림으로 만든 과자나 과일을 이용한 과자, 파이 등이 있고, 차가운 디저트로는 아이스크림과 셔벗이 있다.

① 수분이 많은 멜론이나 오렌지류의 과일은 스푼으로 먹는다. 작은 크기로 통째로 제공된 멜론은 왼손으로 껍질을 잡고, 오른손의 스푼으로 오른쪽부터 떠먹는다. 수박이나 파파야 등도 이와 같은 방식으로 먹는데, 씨는 입 속에서 발라내어 스푼에 뱉어 접시에 놓는 것이 예의고, 포도는 손으로 먹어도 상관없으나, 딸기는 한 알씩 스푼으로 먹도록 한다.

② 식후의 커피는 진한 것을 조금 마시는 것이 좋다. 커피는 향이나 마시는 법이 독특한 여러 가지

종류가 있는데, 그 중 커피에 위스키를 넣고 생크림을 얹어 마시는 아이리쉬 커피나 꼬냑과 오렌지향을 가미해 마시는 카페로얄은 식후주와 커피를 동시에 즐길 수 있어서 좋다. 설탕은 천천히 녹여 처음에는 쓴맛을, 나중에는 달콤한 맛을 즐기도록 한다. 티백을 이용해 녹차나 홍차를 마실 경우에는, 어느정도 우러나온 티백을 컵에 대고 눌러 짜지 말고, 스푼 위에 놓고 실을 감아 짜낸 뒤, 컵의 뒤쪽에 가로로 놓는 것이 깔끔하고 세련된 매너이다.

4) 식사 후

① 식사가 끝난 후에는 냅킨을 아무렇게나 접어 식탁 왼쪽에 놓는다. 너무 단정하게 접어 놓으면 사용하지 않는 것으로 여겨지기 때문이다.
② 양옆과 맞은편에 앉은 손님에게 가볍게 인사를 하고 나서 의자를 뺀 후, 왼쪽으로 나와 식탁을 떠난다.
③ 퇴장할 때는 주최자에게 반드시 인사를 해야 한다.

5) 상황에 따른 재치있는 매너

① 식사 중의 실수

  식사 중 실수를 한 경우에는 웨이터나 지배인을 불러 도움을 청한다. 가능한 다른 사람이 모르게 조용히 오른손을 들어 신호를 보내도록 한다.

② 뜨거운 음식이나 상한 음식을 먹은 경우

  음식이 너무 뜨거울 때에는 찬물을 먹는다. 주변에 물이 없을 때에는 종이 냅킨에 뱉은 후, 싸서 그릇 한쪽에다 놓아둔다. 상한 음식을 먹은 경우에도 빨리 뱉은 후, 잘 안 보이도록 냅킨으로 가리도록 한다.

③ 고기나 뼈가 목에 걸렸을 경우

  생선가시가 걸렸을 때는 물을 마시거나 냅킨으로 입을 가리고 기침을 한다. 손가락으로 입에서 꺼내는 것은 실례가 되지 않으며, 이때에도 역시 다른 손이나 냅킨으로 입을 가리도록 한다. 고기나 뼈가 목에 걸려 기침을 여러번 하고 싶다면, 양해를 구하고 자리를 물러나도록 한다.

④ 기침, 재채기, 코 풀기

기침이나 재채기가 나오려 하면 손수건 또는 냅킨으로 코와 입을 먼저 가리고, 코를 풀고 싶을 때에는 양해를 구하고 자리를 뜬다. 특히 자신의 손수건이나 휴지를 사용하며, 냅킨은 사용하지 않는 것이 좋다. 마찬가지로 땀이 날 때에도 냅킨을 사용하지 않는다.

기능사 실기

브라운 스톡 (Brown stock)

브라운 스톡은 서양요리에 이용되는 기본 육수로, 갈색이 되도록 구운 소뼈와 양파, 부케가르니, 토마토 등을 넣고 갈색으로 우려낸 국물로 소스를 만들 때 사용된다.

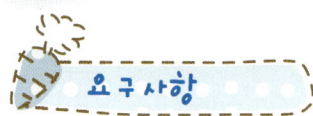

요구사항

주어진 재료를 사용하여 다음과 같이 브라운 스톡을 만드시오.
① 스톡은 맑고, 갈색이 되도록 하시오.
② 소뼈는 찬물에 담가 핏물을 제거한 후 구워서 사용하시오.
③ 향신료로 사세 데피스(sachet d'epice)를 만들어 사용하시오.
④ 완성된 스톡의 양이 200ml 정도 되도록 하여 볼에 담아 내시오.

수험자유의사항

1. 만드는 순서에 유의하며, 위생과 숙련된 기능평가를 위하여 조리작업 시 맛을 보지 않습니다.
2. 요구사항의 규격은 '정도'의 의미를 포함하며, 지급된 재료의 크기에 따라 가감하여 채점합니다.
3. 다음 사항에 대해서는 채점대상에서 제외하니 특히 유의하시기 바랍니다.
   (1) 실격 – ① 가스레인지 화구 2개 이상(2개 포함) 사용한 경우
            ② 불을 사용하여 만든 조리작품이 작품특성에 벗어나는 정도로 타거나 익지 않은 경우
            ③ 시험 중 시설·장비(칼, 가스레인지 등) 사용 시 감독위원 및 타수험자의 시험 진행에 위협이 될 것으로 감독위원 전원이 합의하여 판단한 경우
   (2) 미완성 – ① 시험시간 내에 과제 두 가지를 제출하지 못한 경우
              ② 문제의 요구사항대로 과제의 수량이 만들어지지 않은 경우
   (3) 오작 – ① 구이를 찜으로 조리하는 등과 같이 완성품을 요구사항과 다르게 만든 경우
            ② 해당과제의 지급재료 이외의 재료를 사용하거나 석쇠 등 요구사항의 조리도구를 사용하지 않은 경우

재료 및 분량

- 소뼈(Beef bone) – 2~3cm 정도, 자른 것 ……150g
- 양파(Onion) 중 – 150g 정도 ……1/2개
- 셀러리(Celery) ………………30g
- 당근(Carrot) ………………40g
- 토마토(Tomato) 중 – 150g 정도 …1개
- 월계수잎(Bay leaf) ……………1잎
- 검은 통후추(Black pepper corn) …4개
- 파슬리(Parsley) – 잎, 줄기 포함……1줄기
- 정향(Clove) ………………1개
- 버터(Butter) – 무염 ……………5g
- 식용유(Oil) ………………50ml
- 면실 ………………30cm
- 다임 - fresh ………………2g(1줄기)
- 다시백 – 10~12cm ……………1개
- ※ 소창(수험자 지참물) ……………1개

만·드·는·법

1. 파슬리는 깨끗이 씻어 찬물에 담가둔다.
2. 소뼈는 기름을 제거하고, 찬물에 담가 핏물을 뺀다.
3. 양파, 당근, 셀러리는 얇은 채로 썰고, 토마토는 끓는 물에 데쳐 껍질, 씨를 제거하여 썬다.
4. 소창에 통후추 으깬것, 월계수잎, 파슬리줄기, 양파, 정향, 다임을 넣은 후, 실로 묶어 사세 데피스를 만든다.
5. 팬에 약간의 버터를 녹이고, 소뼈를 갈색이 되도록 굽다가 양파를 넣어 함께 볶아 갈색이 되면, 당근과 셀러리, 토마토를 넣고 볶는다.
6. 냄비에 5를 넣고 물, 사세데피스를 넣어 뚜껑을 열고 은근히 끓인다.
7. 끓이는 도중에 떠오르는 거품을 거두며 은근히 끓여 맛과 색이 우러나면 사세 데피스를 건지고 면보에 걸러 그릇에 담는다.

▲ 소뼈 핏물 제거하기

▲ 소뼈와 양파 볶기

▲ 거품거두며 끓이기

득점 Point
- 브라운 스톡은 뼈와 채소를 고온에서 갈색이 나도록 충분히 볶은 다음 물을 붓고 처음엔 센불로 끓이고 끓기 시작하면 저온에서 장시간 끓인다.
- 육수를 끓일 때 생기는 불순물과 거품을 수시로 제거하여 맑은 브라운 컬러가 되도록 하여야 한다.

▲ 면보에 거르기

쉬림프 카나페 (Shrimp canape)

쉬림프 카나페(Shrimp canape)는 토스트하여 버터 바른 식빵과, 삶아 썬 달걀 위에 미르포아를 넣고 끓인 물에 새우를 삶아 모양내어 얹고, 파슬리와 케찹으로 장식한 요리이다. Canape란 빵 조각이나 달지 않은 크래커 위에 새우, 굴, 치즈, 햄, 건포도 등을 얹어 먹기 좋고, 보기 좋게 한입 크기로 만든, 식욕을 돋우거나 가벼운 안주로 이용되는 전채요리이다. 오드볼(Hors-d'oeuvre) 또는 에피타이저(Appetizer)라고 한다.

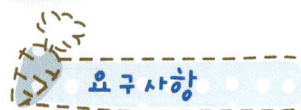  

주어진 재료를 사용하여 다음과 같이 쉬림프 카나페를 만드시오.
① 새우는 내장을 제거한 후 미르포아(Mire-poix)를 넣고 삶아서 껍질을 제거하시오.
② 달걀은 완숙으로 삶아 사용하시오.
③ 식빵은 직경 4cm 정도의 원형으로 하고 4개 제출하시오.

1. 만드는 순서에 유의하며, 위생과 숙련된 기능평가를 위하여 조리작업 시 맛을 보지 않습니다.
2. 요구사항의 규격은 '정도'의 의미를 포함하며, 지급된 재료의 크기에 따라 가감하여 채점합니다.
3. 다음 사항에 대해서는 채점대상에서 제외하니 특히 유의하시기 바랍니다.
   (1) 실격 – ① 가스레인지 화구 2개 이상(2개 포함) 사용한 경우
             ② 불을 사용하여 만든 조리작품이 작품특성에 벗어나는 정도로 타거나 익지 않은 경우
             ③ 시험 중 시설·장비(칼, 가스레인지 등) 사용 시 감독위원 및 타수험자의 시험 진행에 위협이 될 것으로 감독위원 전원이 합의하여 판단한 경우
   (2) 미완성 – ① 시험시간 내에 과제 두 가지를 제출하지 못한 경우
               ② 문제의 요구사항대로 과제의 수량이 만들어지지 않은 경우
   (3) 오작 – ① 구이를 찜으로 조리하는 등과 같이 완성품을 요구사항과 다르게 만든 경우
             ② 해당과제의 지급재료 이외의 재료를 사용하거나 석쇠 등 요구사항의 조리도구를 사용하지 않은 경우

재료 및 분량

- 새우(Shrimp) – 30~40g ·············4마리
- 달걀(Egg) ·····················1개
- 식빵(Toast bread) – 샌드위치용 ···1조각
- 파슬리(Parsley) – 잎, 줄기 포함 ···1줄기
- 버터(Butter) – 무염 ··············30g
- 토마토 케찹(Tomato ketchup) ···10g
- 소금(Salt) – 정제염 ············5g
- 당근(Carrot)······················15g
- 셀러리(Celery)···················15g
- 양파(Onion) 중 – 150g 정도 ······1/8개
- 레몬(Lemon) ·················1/8개
- 흰 후추가루(White pepper)······2g
- 이쑤시개(Tooth pick) ···········1개

만 · 드 · 는 · 법

1. 파슬리를 찬물에 담그고 냄비에 달걀이 잠길 만큼의 물을 붓고, 난황이 중앙에 오도록 굴려가며 12분 정도 삶는다.
2. 식빵은 직경 4cm의 원형으로 자른 후, 토스트하여 버터를 발라준다.
3. 냄비에 물과 양파, 셀러리, 당근 편으로 썬것과 레몬, 파슬리 줄기를 넣어, 끓으면 새우의 내장을 제거하고 삶아 식힌 후 껍질을 제거한다.
4. 달걀을 완숙으로 삶아 껍질을 벗긴 후 칼로 자른다.
5. 버터 바른 빵 위에 달걀, 새우 순으로 얹는다.
6. 새우 위에 케찹과 파슬리잎을 올려 장식한다.

▲ 새우 내장 제거 하기

▲ 미르포아 넣어 끓인 물에 새우 삶기

▲ 식빵 자르기

▲ 달걀 자르기

득점 Point

- 팬에 토스트한 식빵은 버터를 고르게 발라 수분이 스며들지 않도록 한다.
- 새우는 내장을 꼬치로 깨끗이 제거하고, 향신채 물에 30초 동안 삶아 건져 식힌 후 껍질을 벗긴다.

프렌치 프라이드 쉬림프 (French fried shrimp)

프렌치 프라이드 쉬림프는 머리와 내장, 껍질과 꼬리의 물주머니를 제거하고, 튀길 때 휘어지지 않도록 칼집을 8회 정도 넣어 편 다음 소금, 후추로 밑간하고, 밀가루와 튀김 반죽물을 입혀 볼륨감 있게 튀겨낸 프랑스식 튀김요리이다. 빵가루를 입혀 바삭하게 튀겨낸 방법 보다 질감이 부드럽다.

 요구사항

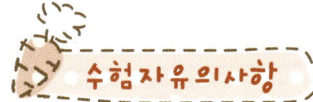 수험자유의사항

주어진 재료를 사용하여 다음과 같이 프렌치 프라이드 쉬림프를 만드시오.
① 새우는 꼬리쪽에서 1마디 정도 껍질을 남겨 구부러지지 않게 튀기시오.
② 새우튀김은 4개를 제출하시오.
③ 레몬과 파슬리를 곁들이시오.

1. 만드는 순서에 유의하며, 위생과 숙련된 기능평가를 위하여 조리작업 시 맛을 보지 않습니다.
2. 요구사항의 규격은 '정도'의 의미를 포함하며, 지급된 재료의 크기에 따라 가감하여 채점합니다.
3. 다음 사항에 대해서는 채점대상에서 제외하니 특히 유의하시기 바랍니다.
   (1) 실격 - ① 가스레인지 화구 2개 이상(2개 포함) 사용한 경우
             ② 불을 사용하여 만든 조리작품이 작품특성에 벗어나는 정도로 타거나 익지 않은 경우
             ③ 시험 중 시설·장비(칼, 가스레인지 등) 사용 시 감독위원 및 타수험자의 시험 진행에 위협이 될 것으로 감독위원 전원이 합의하여 판단한 경우
   (2) 미완성 - ① 시험시간 내에 과제 두 가지를 제출하지 못한 경우
             ② 문제의 요구사항대로 과제의 수량이 만들어지지 않은 경우
   (3) 오작 - ① 구이를 찜으로 조리하는 등과 같이 완성품을 요구사항과 다르게 만든 경우
             ② 해당과제의 지급재료 이외의 재료를 사용하거나 석쇠 등 요구사항의 조리도구를 사용하지 않은 경우

재료 및 분량

- 새우(Shrimp) – 50~60g ······ 4마리
- 밀가루(Flour) – 중력분 ······ 80g
- 백설탕(White sugar) ······ 2g
- 소금(Salt) – 정제염 ······ 2g
- 흰 후추가루(White pepper) ······ 2g
- 식용유(Oil) ······ 500ml
- 파슬리(Parsley) – 잎, 줄기 포함 ······ 1줄기
- 레몬(Lemon) ······ 1/6개
- 달걀(Egg) ······ 1개
- 이쑤시개(Tooth pick) ······ 1개
- 냅킨(napkin) – 기름제거용 ······ 흰색 2상

만·드·는·법

1. 가니쉬용 파슬리는 찬물에 담그어 싱싱하게 준비한다. 레몬은 양 끝을 잘라내고 씨와 막을 제거하여 보기좋게 손질한다.
2. 새우는 이쑤시개를 이용하여 등쪽의 내장을 빼고, 머리, 껍질, 물주머니를 제거한 다음, 배쪽에 칼집 넣어 펴 준 다음 소금과 후추를 뿌린다.
3. 이물질이 없는 볼에 달걀 흰자를 넣고, 거품을 충분히 낸다.
4. 달걀 노른자에 물, 설탕을 넣고 풀어 준 다음 흰자 거품, 체친 밀가루를 넣고 가볍게 섞어 튀김반죽을 만든다.
5. 손질한 새우는 꼬리부분만 남기고 밀가루를 묻힌다.
6. 5의 새우에 밀가루 반죽을 고루 입혀 기름의 온도 160℃~180℃로 맞춰 구부러지지 않게 튀겨 낸다.
7. 여분의 기름을 제거하여 접시에 담는다.
8. 파슬리와 모양낸 레몬으로 장식한다.

▲ 새우 손질 하기

▲ 노른자에 거품과 밀가루 넣기

▲ 새우에 튀김반죽 입히기

득점 Point

- 새우의 내장을 깨끗이 제거하고, 새우가 구부러지지 않도록 손질해야 한다.
- 난백에 거품이 꺼지지 않도록 튀김반죽은 튀기기 직전에 만들어 사용한다.
- 튀김반죽의 농도가 알맞아야 한다.

▲ 새우 튀기기

샐러드 부케를 곁들인 참치타르타르와 채소비네그레트
(Tuna tartar with salad bouquet and vegetable vinaigette)

샐러드 부케를 곁들인 참치 타르타르와 채소 비네그레트는 해동하여, 0.3cm 정도의 작은 주사위 모양으로 썬 참치에 올리브, 케이퍼, 레몬즙 등을 넣어 버무린 참치 타르타르를 퀜넬 형태로 만들고, 샐러드 부케와 함께 담아 채소 비네그레트를 뿌려낸 요리이다.

 요구사항

주어진 재료를 사용하여 다음과 같이 샐러드 부케를 곁들인 참치 타르타르와 채소 비네그레트를 만드시오.
① 참치는 꽃소금을 사용하여 해동하고, 3~4mm 정도의 작은 주사위 모양으로 썰어 양파, 그린올리브, 케이퍼, 처빌 등을 이용하여 타르타르를 만드시오.
② 채소를 이용하여 샐러드부케를 만드시오.
③ 참치 타르타르는 테이블 스푼 2개를 사용하여 퀜넬형태로 3개를 만드시오.
④ 비네그레트는 양파, 붉은색과 노란색의 파프리카, 오이를 가로 세로 2mm 정도의 작은 주사위 모양으로 썰어서 사용하고, 파슬리와 딜은 다져서 사용하시오.

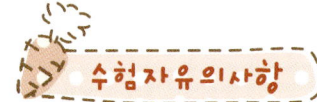 수험자유의사항

1. 만드는 순서에 유의하며, 위생과 숙련된 기능평가를 위하여 조리작업 시 맛을 보지 않습니다.
2. 요구사항의 규격은 '정도'의 의미를 포함하며, 지급된 재료의 크기에 따라 가감하여 채점합니다.
3. 다음 사항에 대해서는 채점대상에서 제외하니 특히 유의하시기 바랍니다.
   (1) 실격 – ① 가스레인지 화구 2개 이상(2개 포함) 사용한 경우
              ② 불을 사용하여 만든 조리작품이 작품특성에 벗어나는 정도로 타거나 익지 않은 경우
              ③ 시험 중 시설·장비(칼, 가스레인지 등) 사용 시 감독위원 및 타수험자의 시험 진행에 위협이 될 것으로 감독위원 전원이 합의하여 판단한 경우
   (2) 미완성 – ① 시험시간 내에 과제 두 가지를 제출하지 못한 경우
               ② 문제의 요구사항대로 과제의 수량이 만들어지지 않은 경우
   (3) 오작 – ① 구이를 찜으로 조리하는 등과 같이 완성품을 요구사항과 다르게 만든 경우
              ② 해당과제의 지급재료 이외의 재료를 사용하거나 석쇠 등 요구사항의 조리도구를 사용하지 않은 경우

재료 및 분량

- 양파(Onion) 중 – 150g 정도 …1/8개
- 붉은색 참치살(Tuna) …………80g
- 그린 올리브(Stuff olive) …………2개
- 케이퍼(Caper) ………………5개
- 올리브 오일(Olive oil) …………25ml
- 레몬(Lemon)………………1/4개
- 핫소스(Hot sauce) ……………5ml
- 쳐빌(Chervil) …………………2줄기
- 소금(Salt) – 꽃소금 ……………5g
- 흰 후추가루(White pepper) ………3g
- 차이브(Chive) ………………5줄기
- 롤라로사(Lollo rossa) …………2잎
- 그린치커리(Green chicory) …2줄기
- 붉은색 파프리카(Paprika) ……1/4개
- 노란색 파프리카
  (Yellow paprika) – 150g 정도 …1/8개
- 오이(Cucumber) – 길이로 반을 갈라 10등분 …1/10개
- 파슬리(Parsley) – 잎, 줄기 포함……1줄기
- 딜(Dill) …………………3줄기
- 식초(Vinegar) …………………10ml

만·드·는·법

1. 채소는 찬물에 담그어 싱싱하게 한다.
2. 차이브를 끓는 물에 살짝 데친 후 찬물에 식힌다.
3. 샐러드 재료인 롤라로사, 그린치커리, 붉은 파프리카를 적당히 손질하여 데쳐낸 차이브로 묶어 고정하여 부케를 만든다.
4. 양파, 그린올리브, 케이퍼, 쳐빌을 다지고 레몬, 올리브오일, 핫소스, 소금, 후추를 볼에 넣는다.
5. 참치는 소금물에 해동하여 물기를 제거하고 3~4mm 정도의 작은 주사위 모양으로 썬 다음 4의 볼에 넣고 버무린다.
6. 퀜넬용 스푼을 이용하여 참치 타르타르를 퀜넬형태로 3개 만든다.
7. 둥근볼에 양파, 붉은색, 노란색 파프리카, 오이 0.2cm × 0.2cm 썬 것, 파슬리찹을 넣고 올리브오일, 식초, 소금, 후추 넣어 채소 비네그레트를 완성한다.
8. 접시에 샐러드 부케를 놓고 참치 퀜넬 3개를 올린 후 채소 비네그레트를 뿌려 마무리한다.

▲ 참치 면보에 감싸서 해동하기

▲ 샐러드 부케 만들기

▲ 채소 비네그레트 만들기

▲ 퀜넬 형태 만들기

득점 Point

- 꽃소금을 이용하여 해동하고 썬 참치의 핏물제거와 색의 변화에 유의한다.
- 비네그레트 소스가 분리되지 않도록 유의한다.

비엘티 샌드위치 (Bacon, Lettuce, Tomato sandwich)

B.L.T 샌드위치는 B는 베이컨(Bacon), L은 양상추(Lettuce), T는 토마토(Tomato)의 약자로 베이컨, 양상추, 토마토를 사용하여 만든 샌드위치를 뜻한다. 빵과 빵 사이에 이용되는 내용물에 따라 다양하게 만들 수 있으며 수백 종류가 있다.

주어진 재료를 사용하여 다음과 같이 베이컨, 레터스, 토마토 샌드위치를 만드시오.
① 빵은 구워서 사용하시오.
② 토마토는 0.5cm 정도의 두께로 썰고, 베이컨은 구워서 사용하시오.
③ 완성품은 4조각으로 썰어 전량을 제출하시오.

1. 만드는 순서에 유의하며, 위생과 숙련된 기능평가를 위하여 조리작업 시 맛을 보지 않습니다.
2. 요구사항의 규격은 '정도'의 의미를 포함하며, 지급된 재료의 크기에 따라 가감하여 채점합니다.
3. 다음 사항에 대해서는 채점대상에서 제외하니 특히 유의하시기 바랍니다.
   (1) 실격 – ① 가스레인지 화구 2개 이상(2개 포함) 사용한 경우
   ② 불을 사용하여 만든 조리작품이 작품특성에 벗어나는 정도로 타거나 익지 않은 경우
   ③ 시험 중 시설·장비(칼, 가스레인지 등) 사용 시 감독위원 및 타수험자의 시험 진행에 위협이 될 것으로 감독위원 전원이 합의하여 판단한 경우
   (2) 미완성 – ① 시험시간 내에 과제 두 가지를 제출하지 못한 경우
   ② 문제의 요구사항대로 과제의 수량이 만들어지지 않은 경우
   (3) 오작 – ① 구이를 찜으로 조리하는 등과 같이 완성품을 요구사항과 다르게 만든 경우
   ② 해당과제의 지급재료 이외의 재료를 사용하거나 석쇠 등 요구사항의 조리도구를 사용하지 않은 경우

재료 및 분량

- 식빵(Toast bread) – 샌드위치용 ·················· 3조각
- 양상추(Lettuce) – 2잎정도, 잎상추로 대체가능 ······ 20g
- 토마토(Tomato) 중 – 150g 정도 ····················· 1/2개
- 베이컨(Bacon) – 25~30cm ··························· 2조각
- 마요네즈(mayonnaise) ···························· 30g
- 소금(Salt) – 정제염 ·································· 3g
- 검은 후추가루(Black pepper) ······················ 1g

만·드·는·법

1. 샌드위치용 빵은 팬에 약불로 연한 갈색이 나게 토스트한 다음 세워서 식힌다.
2. 양상추는 편편한 부분으로 빵 크기에 맞게 다듬어, 2조각을 준비하여 수분을 제거한다.
3. 토마토는 0.5cm 두께로 자르고, 베이컨은 팬에 구워 키친타올 위에 올려 기름기를 제거한다.
4. 토스트하여 식힌 빵 2조각엔 한쪽 면만, 1조각 빵엔 양면에 마요네즈를 발라준다.
5. 마요네즈 바른 빵에 양상추, 베이컨, 양면에 마요네즈 바른 빵, 양상추, 토마토를 올리고 소금, 후추 뿌린 후 빵을 얹는다.
6. 빵을 움직이지 않게 고정시키고, 빵의 가장자리를 정리하고 톱질하듯 칼질하여 X자로 잘라 담는다.

▲ 식빵 굽기

▲ 베이컨 굽기

▲ 토마토 올리기

- 베이컨은 팬에 구워 기름을 제거하고, 샌드위치용 식빵을 토스트할 때 타지 않도록 한다.
- 양상치의 수분을 완전히 제거하고, 편편하게 펴서 사용한다.
- 샌드위치가 흐트러지지 않도록 담는다.

▲ 식빵 썰기

햄버거 샌드위치 (Hamburger sandwich)

햄버거 샌드위치는 둥글게 빚어 구운 스테이크와 햄버거 번(Hamburger bun), 토마토, 양상추, 양파를 이용하여 만든 요리이다. 샌드위치는 식사시간에도 카드놀이를 중단하지 않고 계속하는 18세기 영국의 샌드위치 백작에게 하인들이 고기와 빵을 가져다 놓으면 빵사이에 고기를 넣어 먹었는데, 이런 행동을 한 백작의 이름이 샌드위치의 유래이다.

주어진 재료를 사용하여 다음과 같이 햄버거 샌드위치를 만드시오.
① 빵은 버터를 발라 구워서 사용하시오.
② 고기는 미디움웰던(medium-wellden)으로 굽고, 구워진 고기의 두께는 1cm 정도로 하시오.
③ 토마토, 양파는 0.5cm 정도의 두께로 썰고, 양상추는 빵 크기에 맞추시오.
④ 샌드위치는 반으로 잘라 내시오.

1. 만드는 순서에 유의하며, 위생과 숙련된 기능평가를 위하여 조리작업 시 맛을 보지 않습니다.
2. 요구사항의 규격은 '정도'의 의미를 포함하며, 지급된 재료의 크기에 따라 가감하여 채점합니다.
3. 다음 사항에 대해서는 채점대상에서 제외하니 특히 유의하시기 바랍니다.
   (1) 실격 - ① 가스레인지 화구 2개 이상(2개 포함) 사용한 경우
   ② 불을 사용하여 만든 조리작품이 작품특성에 벗어나는 정도로 타거나 익지 않은 경우
   ③ 시험 중 시설·장비(칼, 가스레인지 등) 사용 시 감독위원 및 타수험자의 시험 진행에 위협이 될 것으로 감독위원 전원이 합의하여 판단한 경우
   (2) 미완성 - ① 시험시간 내에 과제 두 가지를 제출하지 못한 경우
   ② 문제의 요구사항대로 과제의 수량이 만들어지지 않은 경우
   (3) 오작 - ① 구이를 찜으로 조리하는 등과 같이 완성품을 요구사항과 다르게 만든 경우
   ② 해당과제의 지급재료 이외의 재료를 사용하거나 석쇠 등 요구사항의 조리도구를 사용하지 않은 경우

재료 및 분량

- 햄버거 빵(Hamberger bun) – 중 …1개
- 소고기(Beef), 방심(살코기 덩어리)…100g
- 양파(Onion) 중 – 150g 정도 …1개
- 셀러리(Celery) …………………30g
- 달걀……………………………1개
- 빵가루(Crumbs) – 마른 것 ……30g
- 토마토(Tomato) 중 – 150g 정도 …1/2개
- 양상추(Lettuce) ………………20g
- 버터(Butter) – 무염 ……………15g
- 식용유(Oil) ……………………20ml
- 소금(Salt) – 정제염 ………………3g
- 검은 후추가루(Black pepper) …1g

만·드·는·법

1. 달걀은 푼 것으로 1큰술에 빵가루 1큰술을 넣어 불린다.
2. 팬에 버터를 녹이고 반으로 자른 빵을 토스트하여 식힌다.
3. 양파는 0.5cm 두께의 링 모양으로 자르고, 토마토도 0.5cm로 썬다. 양파 짜투리는 곱게 다져서 면보로 물기를 꼭 짜고, 셀러리도 다져서 물기를 제거한 다음 팬에 볶아낸다.
4. 소고기는 핏물, 기름, 힘줄을 제거하여 곱게 다진다.
5. 볼에 다진고기, 빵가루 불린 것, 양파와 셀러리 볶은 것, 소금, 후추를 넣고 잘 섞어 치댄다.
6. 손에 식용유를 바르고 치댄 고기를 비닐 팩 위에 빵 크기 보다 1cm 크고 동그랗게 모양을 만들어, 식용유 두른 뜨거운 팬에 타지 않도록 불조절하면서 속까지 익힌다.
7. 양상추는 편편한 부분으로 빵 크기에 맞게 다듬어 수분을 제거한다.
8. 토스트한 햄버거 빵에 양상추, 익힌고기, 양파, 토마토 올리고 소금, 후추를 뿌리고 빵을 덮은 다음 반으로 잘라 접시에 담는다.

▲ 양파, 셀러리 볶기

▲ 햄버거 빵 굽기

▲ 고기와 볶은채소 넣고 치대기

▲ 햄버거 빵 썰기

득점 Point

- 햄버거 빵을 토스트할 때 버터녹인 팬에 잘려진 면이 엷은 갈색이 나도록 굽는다.
- 둥근 모양의 스테이크가 부스러지지 않도록 주의하고, 속까지 완전히 익도록 처음엔 센불로 열을 가한 뒤, 약불로 줄여 은근히 익힌다.
- 달걀 물에 빵가루를 적시어 부드럽게 하여 사용한다.

포테이토 샐러드 (Potato salad)

포테이토 샐러드는 1cm 정육면체로 삶은 감자에 양파, 파슬리 찹, 마요네즈, 소금, 흰 후추를 넣어 버무린 서양 요리에서 가장 일반적으로 이용되는 샐러드이다.

 요구사항

 수험자유의사항

 30분

주어진 재료를 사용하여 다음과 같이 포테이토 샐러드를 만드시오.
① 감자는 껍질을 벗긴 후 1cm 정도의 정육면체로 썰어서 삶으시오.
② 양파는 곱게 다져 매운맛을 제거하시오.
③ 파슬리는 다져서 사용하시오.

1. 만드는 순서에 유의하며, 위생과 숙련된 기능평가를 위하여 조리작업 시 맛을 보지 않습니다.
2. 요구사항의 규격은 '정도'의 의미를 포함하며, 지급된 재료의 크기에 따라 가감하여 채점합니다.
3. 다음 사항에 대해서는 채점대상에서 제외하니 특히 유의하시기 바랍니다.
   (1) 실격 – ① 가스레인지 화구 2개 이상(2개 포함) 사용한 경우
            ② 불을 사용하여 만든 조리작품이 작품특성에 벗어나는 정도로 타거나 익지 않은 경우
            ③ 시험 중 시설·장비(칼, 가스레인지 등) 사용 시 감독위원 및 타수험자의 시험 진행에 위협이 될 것으로 감독위원 전원이 합의하여 판단한 경우
   (2) 미완성 – ① 시험시간 내에 과제 두 가지를 제출하지 못한 경우
              ② 문제의 요구사항대로 과제의 수량이 만들어지지 않은 경우
   (3) 오작 – ① 구이를 찜으로 조리하는 등과 같이 완성품을 요구사항과 다르게 만든 경우
            ② 해당과제의 지급재료 이외의 재료를 사용하거나 석쇠 등 요구사항의 조리도구를 사용하지 않은 경우

재료 및 분량

- 감자(Potato) – 150g 정도·····················1개
- 양파(Onion) 중 – 150g ·····················1/6개
- 마요네즈(Mayonase) ·····················50g
- 소금(Salt) – 정제염 ·····················5g
- 흰 후추가루(White pepper) ·····················1g
- 파슬리(Parsley) – 잎, 줄기 포함 ·····················1줄기

만·드·는·법

1. 파슬리는 찬물에 담그고, 감자는 1cm 정육면체로 썰어 소금을 약간 넣은 물에 삶는다.
2. 양파는 곱게 다져서 약간의 소금과 물에 넣어 절인 후 면보를 이용하여 매운맛과 수분을 제거한다.
3. 파슬리는 잎만 곱게 다져 면보에 감싼 후 흐르는 물에 헹구어, 녹즙을 제거하여 준비한다.
4. 볼에 다진양파, 파슬리찹, 소금, 후추, 마요네즈, 삶은 감자 넣어 버무린다.
5. 접시에 보기 좋게 담는다.

▲ 감자 썰기

▲ 감자 삶기

▲ 다진 파슬리 녹즙 제거하기

득점 Point
- 감자가 너무 익어 부스러지지 않도록 삶고, 완전히 식혀서 사용한다.
- 재료의 물기를 완전하게 제거하고, 마요네즈양이 필요 이상으로 많이 사용되지 않도록 한다.
- 파슬리찹과 양파찹은 소창으로 물기를 제거한다.
- 감자는 1cm 크기의 주사위 모양으로 일정하게 썬다.

▲ 감자 버무리기

월도프 샐러드 (Waldorf salad)

월도프 샐러드(Waldorf salad)는 사과, 셀러리, 호두를 1cm 정도의 크기로 썰어 마요네즈로 버무린 샐러드이다. 샐러드라는 말은 라틴어 sal(소금)이 어원인 듯하며, 서양 사람들이 생채소에 소금을 뿌려 먹는 습관이 있었다고 한다. 샐러드란 과일이나 채소, 달걀, 육류 등을 골고루 섞어, 드레싱이나 마요네즈로 간을 맞추어 먹는 서양음식으로, 주로 식전에 먹는다.

주어진 재료를 사용하여 다음과 같이 월도프 샐러드를 만드시오.
① 사과, 셀러리, 호두를 사방 1cm 정도의 크기로 써시오.
② 사과의 껍질을 벗겨 변색되지 않게 하고, 호두알의 속껍질을 벗겨 사용하시오.
③ 상추위에 월도프샐러드를 담아 내시오.

1. 만드는 순서에 유의하며, 위생과 숙련된 기능평가를 위하여 조리작업 시 맛을 보지 않습니다.
2. 요구사항의 규격은 '정도'의 의미를 포함하며, 지급된 재료의 크기에 따라 가감하여 채점합니다.
3. 다음 사항에 대해서는 채점대상에서 제외하니 특히 유의하시기 바랍니다.
   (1) 실격 - ① 가스레인지 화구 2개 이상(2개 포함) 사용한 경우
   ② 불을 사용하여 만든 조리작품이 작품특성에 벗어나는 정도로 타거나 익지 않은 경우
   ③ 시험 중 시설·장비(칼, 가스레인지 등) 사용 시 감독위원 및 타수험자의 시험 진행에 위협이 될 것으로 감독위원 전원이 합의하여 판단한 경우
   (2) 미완성 - ① 시험시간 내에 과제 두 가지를 제출하지 못한 경우
   ② 문제의 요구사항대로 과제의 수량이 만들어지지 않은 경우
   (3) 오작 - ① 구이를 찜으로 조리하는 등과 같이 완성품을 요구사항과 다르게 만든 경우
   ② 해당과제의 지급재료 이외의 재료를 사용하거나 석쇠 등 요구사항의 조리도구를 사용하지 않은 경우

재료 및 분량

- 사과(Apple) – 200~250g ·················· 1개
- 셀러리(Celery) ···························· 30g
- 호두(Walnut) 중 – 껍데기 제거한 것 ·········· 2개
- 레몬(Lemon) ····························· 1/4개
- 마요네즈(Mayonase) ······················· 60g
- 소금(Salt) – 정제염 ······················· 2g
- 흰 후추가루(White pepper) ················ 1g
- 양상추(Lettuce) – 2잎정도 ················ 20g
- 이쑤시개 ································ 1개

만·드·는·법

1. 호두를 뜨거운 물에 담가 불려놓는다.
2. 양상추를 씻은 후, 찬물에 담가 싱싱해지면 모양을 내어 썬다.
3. 볼에 물과 소금, 레몬(레몬즙)을 넣어 준비 한 후, 사과를 껍질 벗겨 사방 1cm 크기로 썰어 담가둔다.
4. 셀러리는 겉 섬유질을 제거 후, 사방 1cm 크기로 썬다.
5. 불려 놓은 호두를 이쑤시개를 이용하여 껍질을 제거한 후, 1cm 정도 크기로 썬다.
6. 체에 받쳐 수분을 제거한 사과, 셀러리, 호두를 넣고 소금, 흰 후추 약간씩, 마요네즈를 넣어 고루 버무린다.
7. 샐러드용 접시에 양상추를 깔고, 보기 좋게 담는다.

▲ 셀러리 껍질 벗기기

▲ 사과 썰기

▲ 호두 껍질 벗기기

득점 Point

- 호두는 뜨거운 물에 불려야 속 껍질이 잘 벗겨진다.
- 썰어 놓은 사과는 변색을 방지하기 위해 소금과 레몬즙을 넣은 찬물속에 담근 후 사용한다.
- 샐러드가 지나치게 묽어지지 않도록 사과, 셀러리, 호두의 물기를 완전하게 제거한다.

▲ 버무리기

해산물 샐러드 (Sea-food salad)

해산물 샐러드는 미르포아, 향신료, 레몬을 이용하여 크르부용을 만들어, 해산물을 질기지 않게 익혀, 레몬 비네그레트에 버무려, 싱싱한 샐러드 채소와 함께 담은 요리이다.

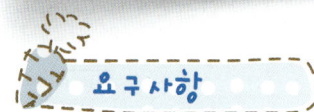

주어진 재료를 사용하여 다음과 같이 해산물 샐러드를 만드시오.
① 미르포아(mirepoix), 향신료, 레몬을 이용하여 크르부용을 만드시오.
② 해산물은 손질하여 크르부용(court bouillon)에 데쳐 사용하시오.
③ 샐러드 채소는 깨끗이 손질하여 싱싱하게 하시오.
④ 레몬 비네그레트는 양파, 레몬즙, 올리브 오일 등을 사용하여 만드시오.

1. 만드는 순서에 유의하며, 위생과 숙련된 기능평가를 위하여 조리작업 시 맛을 보지 않습니다.
2. 요구사항의 규격은 '정도'의 의미를 포함하며, 지급된 재료의 크기에 따라 가감하여 채점합니다.
3. 다음 사항에 대해서는 채점대상에서 제외하니 특히 유의하시기 바랍니다.
   (1) 실격 – ① 가스레인지 화구 2개 이상(2개 포함) 사용한 경우
   ② 불을 사용하여 만든 조리작품이 작품특성에 벗어나는 정도로 타거나 익지 않은 경우
   ③ 시험 중 시설·장비(칼, 가스레인지 등) 사용 시 감독위원 및 타수험자의 시험 진행에 위협이 될 것으로 감독위원 전원이 합의하여 판단한 경우
   (2) 미완성 – ① 시험시간 내에 과제 두 가지를 제출하지 못한 경우
   ② 문제의 요구사항대로 과제의 수량이 만들어지지 않은 경우
   (3) 오작 – ① 구이를 찜으로 조리하는 등과 같이 완성품을 요구사항과 다르게 만든 경우
   ② 해당과제의 지급재료 이외의 재료를 사용하거나 석쇠 등 요구사항의 조리도구를 사용하지 않은 경우

재료 및 분량

- 새우(Shrimp) - 30~40g ······ 3마리
- 관자살 ······ 1개
- 피홍합 ······ 3개
- 중합 ······ 3개
- 양파(Onion) ······ 1/4개
- 마늘(Garlic) ······ 1쪽
- 실파 ······ 1줄기
- 그린치커리(Green chicory) ··· 2줄기
- 양상추(Head lettuce) ······ 10g
- 롤라로사(Lollo rossa) ······ 2잎
- 올리브 오일(Olive oil) ······ 20ml
- 레몬(Lemon) ······ 1/4개
- 식초(Vinegar) ······ 10ml
- 딜(Dill) ······ 2줄기
- 월계수잎(Bay leaf) ······ 1잎
- 셀러리(Celery) ······ 10g
- 흰 통후추 ······ 3개
- 소금(Salt) ······ 5g
- 흰 후추가루(White pepper) ··· 5g
- 당근(Carrot) ······ 15g

만·드·는·법

1. 양상추, 그린치커리, 롤라로사, 딜을 찬물에 담근다음 적당한 크기로 뜯어준다.
2. 양파, 당근, 셀러리를 슬라이스하여, 물에 넣고 월계수잎, 통후추, 딜 줄기, 레몬, 식초를 넣고 끓여, 쿠르부용을 만든다.
3. 새우는 내장을 제거하고 관자살, 피홍합, 중합도 깨끗이 손질하여 쿠르부용에 데친 다음 식혀 손질한 해산물에 양파, 마늘 다진것, 송송썬 실파, 레몬비네그레트를 넣어 버무린다.
4. 레몬 비네그레트는 잘게 다져 물기를 제거한 양파에 레몬즙과 식초, 소금, 흰 후춧가루, 올리브오일, 다진 딜을 넣고 분리되지 않게 잘 섞어 만든다.
5. 접시에 샐러드 채소와 데친 해산물을 담고 레몬 비네그레트를 뿌려 낸다.

▲ 쿠르부용 만들기

▲ 관자살의 썰기

▲ 비네그레트 만들기

득점 Point

- 주어진 해산물 각각의 특성에 맞게 손질하고, 익히는 정도에 유의한다.
- 샐러드용 채소는 싱싱하게 전처리하고, 물기를 제거한다.
- 새우는 내장을 제거하고 껍질째 삶아서 식힌 후 손질한다.

▲ 해산물 무치기

시저 샐러드 (Caesar Salad)

이 요리를 처음 개발한 이탈리아계 요리사인 '시저 칼디니(Caesar Cardini)'의 이름을 따서 시저샐러드(caesar salad)라고 지어진 요리명이다. 시저 샐러드는 로메인 레터스를 주로 사용하는 요리로 이름만 들으면 이탈리아 요리로 착각할 수 있으나 미국을 대표하는 세계적인 샐러드이다.

요구사항

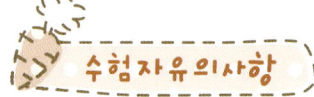
수험자 유의사항

35분

주어진 재료를 사용하여 다음과 같이 시저샐러드를 만드시오.

① 마요네즈(100g 이상), 시저드레싱(100g 이상), 시저샐러드(전량)를 만들어 3가지를 각각 별도의 그릇에 담아 제출하시오.
② 마요네즈(Mayonnaise)는 달걀노른자, 카놀라오일, 레몬즙, 디존 머스터드, 화이트와인식초를 사용하여 만드시오.
③ 시저드레싱(caesar dressing)은 마요네즈, 마늘, 앤초비, 검은후춧가루, 파미지아노 레기아노, 올리브오일, 디존 머스터드, 레몬즙을 사용하여 만드시오.
④ 파미지아노 레기아노는 강판이나 채칼을 사용하시오.
⑤ 시저샐러드(caesar salad)는 로메인 상추, 곁들임크루통(1cm x 1cm), 구운 베이컨(폭 0.5cm), 파미지아노 레기아노, 시저드레싱을 사용하여 만드시오.

1. 만드는 순서에 유의하며, 위생과 숙련된 기능평가를 위하여 조리작업 시 맛을 보지 않습니다.
2. 요구사항의 규격은 '정도'의 의미를 포함하며, 지급된 재료의 크기에 따라 가감하여 채점합니다.
3. 다음 사항에 대해서는 채점대상에서 제외하니 특히 유의하시기 바랍니다.
   (1) 실격 – ① 가스레인지 화구 2개 이상(2개 포함) 사용한 경우
               ② 불을 사용하여 만든 조리작품이 작품특성에 벗어나는 정도로 타거나 익지 않은 경우
               ③ 시험 중 시설·장비(칼, 가스레인지 등) 사용 시 감독위원 및 타수험자의 시험 진행에 위협이 될 것으로 감독위원 전원이 합의하여 판단한 경우
   (2) 미완성 – ① 시험시간 내에 과제 두 가지를 제출하지 못한 경우
                ② 문제의 요구사항대로 과제의 수량이 만들어지지 않은 경우
   (3) 오작 – ① 구이를 찜으로 조리하는 등과 같이 완성품을 요구사항과 다르게 만든 경우
               ② 해당과제의 지급재료 이외의 재료를 사용하거나 석쇠 등 요구사항의 조리도구를 사용하지 않은 경우

재료 및 분량

- 달걀(60g 정도) - 상온에 보관한 것 ······2개
- 디존 머스타드 ······························10g
- 레몬 ···1개
- 로메인 상추 ································50g
- 마늘 ··1쪽
- 베이컨 ··15g
- 앤초비 ···3개
- 올리브오일(extra virgin) ············20ml
- 카놀라오일 ······························300ml
- 식빵(슬라이스) ····························1개
- 검은후춧가루 ································5g
- 파미지아노 레기아노(덩어리) ········20g
- 화이트와인식초 ··························20ml
- 소금 ···10g

만드는 법

1. 로메인 상추는 세척 후 찬물에 담가 싱싱해지면 수분을 제거하여 먹기 좋은 크기로 찢는다.
2. 베이컨은 사방 1cm 정도의 크기로 잘라 팬에 바삭하게 구워 기름을 뺀다.
3. 마늘은 편으로 썬 다음 올리브오일을 두른 팬에 볶아 갈색이 나면 건지고 사방을 2cm로 썬 식빵을 넣고 색이 나도록 은근한 불에서 노릇하게 볶아준다.
4. 파미지아노 레기아노는 강판이나 채칼을 사용하여 간다.
5. 물기 없는 볼에 달걀노른자를 넣고 카놀라오일을 조금씩 넣고 거품기로 저으면서 농도가 되직해지면 레몬즙, 디존 머스타드, 화이트와인식초, 소금, 후추 사용하여 마요네즈(mayonnaise)를 만든다.
6. 5의 마요네즈를 기본으로 하여 다진 앤초비, 다진 마늘, 약간의 소금, 후추를 넣어 시저드레싱(caesar dressing)을 만든다.
7. 물기 없는 볼에 로메인 상추, 일부의 crispy 베이컨, 시저 드레싱을 넣고 버무려 접시에 담은 후 곁들임인 크루통, crispy 베이컨을 얹고 파미지아노 레기아노를 위에 뿌려 전량 제출한다.
8. 완성된 마요네즈와 시저드레싱은 별도의 그릇에 담아 각 100g 정도씩 제출한다.

▲ 로메인 레터스 뜯기

▲ 마늘기름에 쿠르통 만들기

▲ 시저드레싱 만들기

▲ 드레싱 넣고 버무리기

득점 Point

- 채소의 신선함을 유지하기 위해 제출하기 직전에 버무린다.
- 마요네즈와 시저드레싱은 별도 제출해야 하므로 만드는 양에 유의한다.
- 앤초비는 곱게 다져 사용한다.
- 파미지아노 레기아노는 세계적으로 유명한 치즈이며 이태리 북부에서 생산된다. 영어로는 파르메산(parmesan) 이라고도 한다.

사우전아일랜드 드레싱 (Thousand island dressing)

사우전 아일랜드 드레싱은 마요네즈와 케찹을 비율대로 섞어 핑크빛이 되면, 수분을 제거한 다진 재료, 완숙란, 소금, 후추, 레몬즙을 넣어 만든 드레싱이다. 드레싱은 음식의 가치를 높여줄 뿐 아니라, 풍미와 맛을 돋우어 준다. 특히 새콤달콤한 맛의 사우전 아일랜드 드레싱은 사용된 재료들이 수천개의 섬이 떠있는 것 같이 보인다고 해서 붙여진 이름이다.

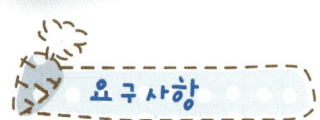

주어진 재료를 사용하여 다음과 같이 사우전 아일랜드 드레싱을 만드시오.

① 드레싱은 핑크빛이 되도록 하시오.
② 다지는 재료는 0.2cm 정도의 크기로 하시오.
③ 드레싱은 농도를 잘 맞추어 100ml정도 제출하시오.

1. 만드는 순서에 유의하며, 위생과 숙련된 기능평가를 위하여 조리작업 시 맛을 보지 않습니다.
2. 요구사항의 규격은 '정도'의 의미를 포함하며, 지급된 재료의 크기에 따라 가감하여 채점합니다.
3. 다음 사항에 대해서는 채점대상에서 제외하니 특히 유의하시기 바랍니다.
   (1) 실격 – ① 가스레인지 화구 2개 이상(2개 포함) 사용한 경우
            ② 불을 사용하여 만든 조리작품이 작품특성에 벗어나는 정도로 타거나 익지 않은 경우
            ③ 시험 중 시설·장비(칼, 가스레인지 등) 사용 시 감독위원 및 타수험자의 시험 진행에 위협이 될 것으로 감독위원 전원이 합의하여 판단한 경우
   (2) 미완성 – ① 시험시간 내에 과제 두 가지를 제출하지 못한 경우
              ② 문제의 요구사항대로 과제의 수량이 만들어지지 않은 경우
   (3) 오작 – ① 구이를 찜으로 조리하는 등과 같이 완성품을 요구사항과 다르게 만든 경우
            ② 해당과제의 지급재료 이외의 재료를 사용하거나 석쇠 등 요구사항의 조리도구를 사용하지 않은 경우

재료 및 분량

- 마요네즈(Mayonnaise) ·········· 70g
- 토마토 케첩(Tomato ketchup) ·········· 20g
- 양파(Onion) 중 – 150g 정도 ·········· 1/6개
- 오이피클(Pickle) – 개당 25~30g짜리 ·········· 1/2개
- 청피망(Pimento) 중 – 75g 정도 ·········· 1/4개
- 달걀(Egg) ·········· 1개
- 소금(Salt) – 정제염 ·········· 2g
- 흰 후추가루(White pepper) ·········· 1g
- 레몬(Lemon) ·········· 1/4개
- 식초 ·········· 10ml

만드는 법

1. 달걀이 잠길 만큼의 물을 붓고, 12분 정도 삶아 익혀 찬물에 담가 식힌다.
2. 양파 곱게 다져서 약간의 물과 소금을 넣고 두었다가, 면보로 물기를 꼭 짠다.
3. 피클과 피망은 잘게 다지고 완숙란은 흰자와 노른자를 분리하여 0.2cm 정도로 잘게 다진다.
4. 레몬은 즙을 짠다.
5. 볼에 마요네즈 70g과 케첩 20g을 넣어 핑크 빛이 되도록 색깔 조절을 하고 레몬즙, 식초, 다진 재료를 모두 섞는다. 소금과 후추를 넣어 간을 맞춘다.
6. 소스볼에 담아낸다.

▲ 재료 다지기

▲ 양파의 수분 제거하기

▲ 마요네즈와 케첩 넣어 색 맞추기

- 드레싱의 농도가 약간 흐르는 듯해야 하므로, 레몬즙으로 농도를 조절한다.
- 드레싱의 색이 핑크색을 띠어야 하며, 사용되는 재료를 너무 잘게 다지지 않는다.
- 다지는 재료는 0.2cm 정도로 일정하게 다져야 한다.

▲ 다진재료 넣고 섞기

치즈오믈렛 (Cheese omelet)

치즈 오믈렛은 직경 18cm 정도의 오믈렛 팬에, 달걀을 고르게 풀어 체에 내린 후 생크림, 썬치즈, 소금을 넣어 섞은 것을 스크램블(Scrambled)하여, 타원형모양으로 익힌 것이다. 사용되는 재료에 따라 다양한 오믈렛이 되며, 주로 아침 식사로 먹는 요리이다.

주어진 재료를 사용하여 다음과 같이 치즈 오믈렛을 만드시오.
① 치즈는 사방 0.5cm 정도로 자르시오.
② 치즈가 들어가 있는 것을 알 수 있도록 하고, 익지 않은 달걀이 흐르지 않도록 만드시오.
③ 나무젓가락과 팬을 이용하여 타원형으로 만드시오.

1. 만드는 순서에 유의하며, 위생과 숙련된 기능평가를 위하여 조리작업 시 맛을 보지 않습니다.
2. 요구사항의 규격은 '정도'의 의미를 포함하며, 지급된 재료의 크기에 따라 가감하여 채점합니다.
3. 다음 사항에 대해서는 채점대상에서 제외하니 특히 유의하시기 바랍니다.
    (1) 실격 – ① 가스레인지 화구 2개 이상(2개 포함) 사용한 경우
              ② 불을 사용하여 만든 조리작품이 작품특성에 벗어나는 정도로 타거나 익지 않은 경우
              ③ 시험 중 시설·장비(칼, 가스레인지 등) 사용 시 감독위원 및 타수험자의 시험 진행에 위협이 될 것으로 감독위원 전원이 합의하여 판단한 경우
    (2) 미완성 – ① 시험시간 내에 과제 두 가지를 제출하지 못한 경우
                ② 문제의 요구사항대로 과제의 수량이 만들어지지 않은 경우
    (3) 오작 – ① 구이를 찜으로 조리하는 등과 같이 완성품을 요구사항과 다르게 만든 경우
              ② 해당과제의 지급재료 이외의 재료를 사용하거나 석쇠 등 요구사항의 조리도구를 사용하지 않은 경우

재료 및 분량

- 달걀(Egg) ······················· 3개
- 치즈(Cheese) – 가로, 세로 8cm 정도 ······· 1장
- 버터(Butter) – 무염 ················ 30g
- 식용유(Oil) ····················· 20ml
- 생크림(Fresh cream) – 조리용 ········· 20g
- 소금(Salt) – 정제염 ················ 2g

만·드·는·법

1. 달걀 3개를 거품기로 풀어 체에 걸러준다.
2. 달걀물에 생크림과 소금을 넣어 섞어준다.
3. 치즈는 가로, 세로 0.5cm 크기로 썬다.
4. 오믈렛 팬에 기름을 충분히 넣어 달군 후, 2의 달걀을 붓고 썬 치즈를 넣어 젓가락으로 스크램블하여 반쯤 익었을 때, 한쪽 끝으로 밀어가면서 럭비공 모양으로 만들어 준다.
5. 버터를 녹여 코팅하며 달걀표면이 타지 않도록 불 조절에 유의하고, 볼륨감 있는 럭비공 모양으로 완성한다.

▲ 달걀 풀어 체에 내리기

▲ 생크림, 치즈 썬 것 넣기

▲ 휘저어 스크램블에그 하기

Point
- 달걀을 체에 내린 다음, 생크림과 네모 썰기 한 치즈를 섞어, 버터 두른 팬에 나무젓가락으로 스크램블한다.
- 오믈렛이 너무 익어 단단해지지 않도록 하고, 모양이 흐트러지거나 깨지지 않도록 한다.

▲ 타원형으로 만들기

스페니쉬 오믈렛(Spanish omelet)

스페니쉬 오믈렛은 사용되는 모든 재료를 가로, 세로 0.5cm 정도의 크기로 썰어 볶아 맛을 낸다. 그리고 속 재료를 스크램블하여 반쯤 익힌 달걀 가운데 넣어 타원형으로 모양을 낸 요리이다.

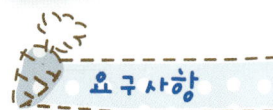
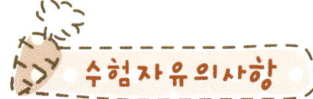

주어진 재료를 사용하여 다음과 같이 스페니쉬 오믈렛을 만드시오.
① 토마토, 양파, 청피망, 양송이, 베이컨은 0.5cm 정도의 크기로 썰어 오믈렛 소를 만드시오.
② 소가 흘러 나오지 않도록 하시오.
③ 소를 넣어 나무젓가락과 팬을 이용하여 타원형으로 만드시오.

1. 만드는 순서에 유의하며, 위생과 숙련된 기능평가를 위하여 조리작업 시 맛을 보지 않습니다.
2. 요구사항의 규격은 '정도'의 의미를 포함하며, 지급된 재료의 크기에 따라 가감하여 채점합니다.
3. 다음 사항에 대해서는 채점대상에서 제외하니 특히 유의하시기 바랍니다.
   (1) 실격 - ① 가스레인지 화구 2개 이상(2개 포함) 사용한 경우
            ② 불을 사용하여 만든 조리작품이 작품특성에 벗어나는 정도로 타거나 익지 않은 경우
            ③ 시험 중 시설·장비(칼, 가스레인지 등) 사용 시 감독위원 및 타수험자의 시험 진행에 위협이 될 것으로 감독위원 전원이 합의하여 판단한 경우
   (2) 미완성 - ① 시험시간 내에 과제 두 가지를 제출하지 못한 경우
              ② 문제의 요구사항대로 과제의 수량이 만들어지지 않은 경우
   (3) 오작 - ① 구이를 찜으로 조리하는 등과 같이 완성품을 요구사항과 다르게 만든 경우
            ② 해당과제의 지급재료 이외의 재료를 사용하거나 석쇠 등 요구사항의 조리도구를 사용하지 않은 경우

재료 및 분량

- 달걀(Egg) ·············· 3개
- 베이컨(Bacon) – 길이 25~30cm ··· 1/2조각
- 양파(Onion) 중 – 150g 정도 ··· 1/6개
- 청피망(Pimento) 중 – 75g ··· 1/6개
- 양송이(Mushroom) 10g ········ 1개
- 토마토(Tomato)중 – 150g 정도 ······ 1/4개
- 토마토 케찹(Tomato ketchup) ···20g
- 소금(Salt) – 정제염 ··············5g
- 버터(Butter) – 무염 ··············20g
- 식용유(Oil) ····················20ml
- 검은 후추가루(Black pepper) ···2g
- 생크림 ························20g

만·드·는·법

1. 토마토는 (+)모양의 칼집을 넣어, 끓는 소금물에 데친 후 씨와 껍질을 제거하고 0.5cm로 썬다.
2. 달걀 3개와 생크림, 소금을 넣어 체에 내린다.
3. 양파, 양송이, 청피망을 썰고, 베이컨도 잘게 썰어 끓는 물에 데쳐 기름을 제거한다.
4. 팬에 버터를 녹이고 0.5cm로 썬 양파 → 양송이 → 피망 → 베이컨 → 토마토 순으로 볶다가, 토마토 케찹을 넣고 되직하게 볶으면서, 소금과 후추로 간을 하여 오믈렛의 속을 준비한다.
5. 오믈렛 팬을 식용유와 버터로 코팅한 후, 달걀물을 넣어 스크램블 하다 반쯤 익으면 한 쪽으로 밀고, 오믈렛 속을 젓가락으로 깊숙히 넣어, 말 때 흐르지 않게 한다.
6. 달걀표면이 타지 않도록 불 조절에 유의하고, 볼륨감 있는 럭비공 모양으로 완성한다.

▲ 주어진 재료 썰기

▲ 오믈렛의 속재료 볶기

▲ 속재료 넣기

▲ 럭비공 모양으로 만들기

득점 Point
- 달걀을 넣고 스크램블을 한 후, 오믈렛 속에 들어갈 내용물이 중앙에 오도록 하여, 터져 나오지 않도록 한다.
- 달걀물이 오믈렛 팬에서 수분증발이 적절하게 되었을 때, 타원형 모양을 낸다.
- 오믈렛을 만들기 전, 달걀물이 팬에 붙지 않도록 기름 코팅을 하여 사용한다.

미네스트로니 수프 (Minnestrone soup)

미네스트로니(Minestrone)란 다양한 채소 및 파스타를 넣어 끓인 수프란 뜻으로 양파, 셀러리, 양배추, 채두 등의 채소 뿐만 아니라 스파게티를 넣어 끓인 밀라노식 채소 수프이다.

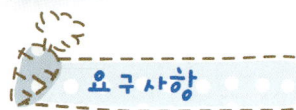 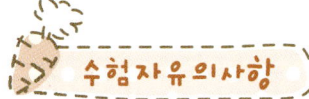 

주어진 재료를 사용하여 다음과 같이 미네스트로니 수프를 만드시오.

① 채소는 사방 1.2cm, 두께 0.2cm 정도로 써시오.
② 스트링 빈스, 스파게티는 1.2cm 정도의 길이로 써시오.
③ 국물과 고형물의 비율을 3:1로 하시오.
④ 전체 수프의 양은 200ml 정도로 하고 파슬리 가루를 뿌려내시오.

1. 만드는 순서에 유의하며, 위생과 숙련된 기능평가를 위하여 조리작업 시 맛을 보지 않습니다.
2. 요구사항의 규격은 '정도'의 의미를 포함하며, 지급된 재료의 크기에 따라 가감하여 채점합니다.
3. 다음 사항에 대해서는 채점대상에서 제외하니 특히 유의하시기 바랍니다.
   (1) 실격 – ① 가스레인지 화구 2개 이상(2개 포함) 사용한 경우
            ② 불을 사용하여 만든 조리작품이 작품특성에 벗어나는 정도로 타거나 익지 않은 경우
            ③ 시험 중 시설·장비(칼, 가스레인지 등) 사용 시 감독위원 및 타수험자의 시험 진행에 위협이 될 것으로 감독위원 전원이 합의하여 판단한 경우
   (2) 미완성 – ① 시험시간 내에 과제 두 가지를 제출하지 못한 경우
              ② 문제의 요구사항대로 과제의 수량이 만들어지지 않은 경우
   (3) 오작 – ① 구이를 찜으로 조리하는 등과 같이 완성품을 요구사항과 다르게 만든 경우
            ② 해당과제의 지급재료 이외의 재료를 사용하거나 석쇠 등 요구사항의 조리도구를 사용하지 않은 경우

재료 및 분량

- 양파(Onion) 중 – 150g 정도 … 1/4개
- 셀러리(Celery) …………………… 30g
- 양배추(Cabbage) ………………… 40g
- 당근(Carrot) ……………………… 40g
- 스트링빈스(String beans) … 2줄기
- 토마토(Tomato) 중 – 150g 정도 … 1/8개
- 마늘(Garlic) ………………………… 1쪽
- 스파게티(Spaghetti) …………… 2가닥
- 파슬리(Parsley) – 잎, 줄기 포함 …… 1줄기
- 무(Radish) ………………………… 10g
- 완두콩 ……………………………… 5알
- 토마토 페이스트(Tomato paste) … 15g
- 치킨 스톡(White stock) – 물로 대체 가능 … 200ml
- 소금(Salt) – 정제염 ………………… 2g
- 검은 후추가루(Black pepper) … 2g
- 버터(Butter) – 무염 ………………… 5g
- 정향(Clove) ………………………… 1개
- 베이컨(Bacon) – 길이 25~30cm … 1/2조각
- 월계수잎(Bay leaf) ………………… 1잎

만·드·는·법

1. 파슬리를 찬물에 담근다.
2. 양파, 셀러리, 양배추, 당근, 무는 가로, 세로 1.2cm, 두께 0.2cm로 썬다.
3. 끓는 소금물에 토마토를 살짝 데쳐, 껍질과 씨를 제거하여 썬다.
4. 베이컨을 썰어 끓는물에 데쳐, 기름기를 제거한다.
5. 마늘을 다지고 완두콩은 씻어 준비하고, 채두는 1.2cm 길이로 썰어 준비한다.
6. 스파게티는 끓는 소금물에 9분 30초 정도 삶아, 찬물에 헹구어 1.2cm 길이로 썬다.
7. 파슬리는 잎만 곱게 다져 면보에 감싼 후 흐르는 물에 헹구어 녹즙을 제거한다.
8. 양파, 셀러리, 월계수잎, 파슬리 줄기, 정향을 이용하여 부케가르니를 만든다.
9. 냄비에 버터를 녹이고 다진 마늘을 볶다가 단단한 채소 순서로 볶은 후, 페이스트 1큰술 넣어 충분히 볶아 떫은맛과 신맛을 제거하고, 물을 부어 토마토, 부케가르니를 넣어 살짝 끓으면 소금, 후추로 간을 한다.
10. 어느 정도 끓인 후 채두, 완두콩, 스파게티를 넣어 살짝 끓인 후 소금과 후추로 간을 한다.
11. 부케가르니를 건져내고 그릇에 담은 후, 파슬리찹을 뿌려 제출한다.

▲ 스파게티 삶기

▲ 재료 썰기

▲ 볶은 재료에 토마토 페이스트 넣어 볶기

▲ 거품걷으며 끓이기

득점 Point

- 주어진 채소와 스파게티, 채두는 요구사항에 맞는 크기로 썰고, 내용물과 국물의 비율은 3 : 1 정도로 담는다.
- 페이스트는 떫은맛과 신맛이 제거 될 때까지 충분히 볶고, 냄비 바닥이 타지 않도록 한다.
- 채소가 부서지지 않게 끓이고, 끓을 때 거품을 걷어낸다.

프렌치 어니언 수프 (French onion soup)

프렌치 어니언 수프(French onion soup)는 양파를 5cm 크기의 길이로 일정하게 썰어, 갈색이 나도록 백 포도주나 물을 넣어 볶아 끓인 프랑스의 대표적인 수프이다. 마늘빵에 파머산 치즈가루를 뿌려 먹는, 어니온 수프는 요즘도 프랑스인들이 즐긴다.

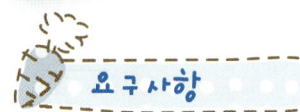 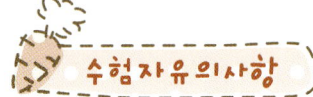 

주어진 재료를 사용하여 다음과 같이 프렌치 어니언 수프를 만드시오.

① 양파는 5cm 크기의 길이로 일정하게 써시오.
② 바게트빵에 마늘버터를 발라 구워서 따로 담아내시오.
③ 수프의 양은 200ml 이상 제출하시오.

1. 만드는 순서에 유의하며, 위생과 숙련된 기능평가를 위하여 조리작업 시 맛을 보지 않습니다.
2. 요구사항의 규격은 '정도'의 의미를 포함하며, 지급된 재료의 크기에 따라 가감하여 채점합니다.
3. 다음 사항에 대해서는 채점대상에서 제외하니 특히 유의하시기 바랍니다.
   (1) 실격 – ① 가스레인지 화구 2개 이상(2개 포함) 사용한 경우
   ② 불을 사용하여 만든 조리작품이 작품특성에 벗어나는 정도로 타거나 익지 않은 경우
   ③ 시험 중 시설·장비(칼, 가스레인지 등) 사용 시 감독위원 및 타수험자의 시험 진행에 위협이 될 것으로 감독위원 전원이 합의하여 판단한 경우
   (2) 미완성 – ① 시험시간 내에 과제 두 가지를 제출하지 못한 경우
   ② 문제의 요구사항대로 과제의 수량이 만들어지지 않은 경우
   (3) 오작 – ① 구이를 찜으로 조리하는 등과 같이 완성품을 요구사항과 다르게 만든 경우
   ② 해당과제의 지급재료 이외의 재료를 사용하거나 석쇠 등 요구사항의 조리도구를 사용하지 않은 경우

재료 및 분량

- 양파(Onion) 중(150g정도) ·················· 1개
- 버터(Butter) – 무염 ························· 20g
- 맑은 스톡(비프스톡 또는 콘소메) – 물로 대체 가능 ········· 270ml
- 소금(Salt) – 정제염 ························· 2g
- 검은 후추가루(Black pepper) ················ 1g
- 바게트빵(Baguette bread) ·················· 1조각
- 파슬리(Parsley) – 잎, 줄기 포함 ············· 1줄기
- 백 포도주(White wine) ······················ 15ml
- 파마산 치즈(Parmesan cheese) ············· 10g
- 마늘(Garlic) ································ 1쪽

만·드·는·법

1. 양파의 위와 아래를 잘라내고 5cm 길이로 가늘게 채 썬다. 냄비에 버터를 녹이고, 양파를 중불에서 와인과 물방울을 넣어가며, 갈색으로 볶아준다.
2. 양파가 갈색으로 볶아지면, 물 300ml와 파슬리줄기를 넣고, 약불에서 뚜껑을 열고 거품을 제거하며 끓인다.
3. 국물이 갈색이 나고 맑게 끓여지면, 파슬리줄기를 건지고 소금과 후추를 약간 넣어 간을 맞춘다.
4. 마늘을 다지고, 파슬리는 잎만 곱게 다져 면보에 싸서 물에 헹군 후 물기를 꼭 짜서 파슬리 가루를 만든다.
5. 파슬리찹, 버터, 다진 마늘을 잘 섞어 바게트빵 양면에 고루 바른 후, 엷은 갈색이 나도록 토스트한다.
6. 바삭하게 구운 마늘빵위에 파마산 치즈가루를 뿌린다.
7. 3의 완성된 수프를 담고 마늘빵을 얹는다.

▲ 양파 썰기

▲ 양파 볶기

▲ 마늘빵 만들기

▲ 완성된 수프에 마늘빵 얹기

득점 Point

- 양파가 타지 않도록 유의하며, 갈색이 나도록 볶아 사용한다.
- 바게트빵은 마늘소스를 발라 타지 않게 구워, 제출하기 직전에 수프에 얹는다.
- 수프를 끓일 때 떠오르는 기름과 거품을 걷어낸다.

비프 콘소메 (Beef consomme)

비프 콘소메(Beef consomme)란 거품낸 달걀 흰자에 채소와 고기를 섞고, 물을 부어 소고기, 채소의 에센스(essence)만을 맑고 투명하게 끓여낸 고단백, 저지방의 최고급 수프이다.

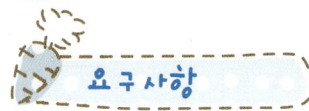 요구사항

주어진 재료를 사용하여 다음과 같이 비프 콘소메를 만드시오.
① 어니언 브루리(onion brulee)를 만들어 사용하시오.
② 양파를 포함한 채소는 채썰어 향신료, 소고기, 달걀흰자 머랭과 함께 섞어 사용하시오.
③ 수프는 맑고 갈색이 되도록 하여 200ml 이상 제출하시오.

 수험자유의사항

1. 만드는 순서에 유의하며, 위생과 숙련된 기능평가를 위하여 조리작업 시 맛을 보지 않습니다.
2. 요구사항의 규격은 '정도'의 의미를 포함하며, 지급된 재료의 크기에 따라 가감하여 채점합니다.
3. 다음 사항에 대해서는 채점대상에서 제외하니 특히 유의하시기 바랍니다.
    (1) 실격 - ① 가스레인지 화구 2개 이상(2개 포함) 사용한 경우
              ② 불을 사용하여 만든 조리작품이 작품특성에 벗어나는 정도로 타거나 익지 않은 경우
              ③ 시험 중 시설·장비(칼, 가스레인지 등) 사용 시 감독위원 및 타수험자의 시험 진행에 위협이 될 것으로 감독위원 전원이 합의하여 판단한 경우
    (2) 미완성 - ① 시험시간 내에 과제 두 가지를 제출하지 못한 경우
                ② 문제의 요구사항대로 과제의 수량이 만들어지지 않은 경우
    (3) 오작 - ① 구이를 찜으로 조리하는 등과 같이 완성품을 요구사항과 다르게 만든 경우
              ② 해당과제의 지급재료 이외의 재료를 사용하거나 석쇠 등 요구사항의 조리도구를 사용하지 않은 경우

재료 및 분량

- 소고기(Ground beef) – 살코기 같은 것 ······70g
- 양파(Onion) 중 – 150g 정도 ···1개
- 당근(Carrot) ······················40g
- 셀러리(Celery) ···················30g
- 달걀(Egg) ························1개
- 소금(Salt) – 정제염 ··············2g
- 검은 후추가루(Black pepper) ···2g
- 검은 통후추(Black pepper corn) ···1개
- 정향(Clove) ······················1g
- 토마토(Tomato) 중 – 150g 정도 ···1/4개
- 월계수잎(Bay leaf) ··············1잎
- 비프 스톡(육수) – 물로 대체 가능 ···500ml
- 파슬리(잎, 줄기 포함) ·········1줄기

만·드·는·법

1. 냄비에 물을 부어 끓으면 칼집 넣은 토마토를 데쳐 찬물에 식혀 껍질과 씨를 제거하여 채를 썬다.
2. 양파는 뿌리쪽을 1cm두께로 썰어 팬에 굽는다.
3. 당근, 셀러리도 채를 썰고 양파, 셀러리, 월계수잎, 파슬리줄기, 정향을 이용하여 부케가르니를 만든다.
4. 난백은 거품 내어 소고기 갈은것, 양파, 당근, 셀러리, 토마토, 소금, 후추 섞는다.
5. 냄비에 4와 물, 부케가르니 넣고 끓어오르면 중불로 계속 끓여 맑은 국물이 되도록 가끔 이물질을 거두며 끓인다.
6. 충분히 끓여 맑은 국물이 되면 면보로 걸러 수프볼에 담는다.

▲ 채소 썰기

▲ 양파 굽기

▲ 수프 끓이기

- 깊고 은은한 소고기향이 나는 맑고, 투명한 갈색의 수프를 얻기 위해 거품 낸 흰자와 재료를 고루 섞은 후, 중불에서 은근하게 끓인다.
- 뚜껑을 덮지 않고 끓이며, 양파를 둥글게 잘라서 팬에서 태워 사용한다.

▲ 면보에 거르기

포테이토 크림수프 (Potato cream soup)

포테이토 크림수프는 양파, 대파를 충분히 볶은 후 감자를 넣고 볶아, 푹 끓여 체에 내린 후 생크림을 넣어 맛을 낸 요리이다. 산뜻한 요리에 어울리는 크림수프에 크루톤, 파슬리, 비스켓 등을 띄워낸다.

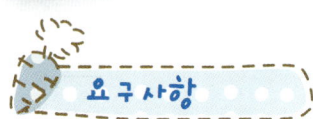

주어진 재료를 사용하여 다음과 같이 포테이토 크림수프를 만드시오.

① 크루톤(crouton)의 크기는 사방 0.8~1cm 정도로 만들어 버터에 볶아 수프에 띄우시오.
② 익힌 감자는 체에 내려 사용하시오.
③ 수프의 색과 농도에 유의하고 200ml 정도 제출하시오.

1. 만드는 순서에 유의하며, 위생과 숙련된 기능평가를 위하여 조리작업 시 맛을 보지 않습니다.
2. 요구사항의 규격은 '정도'의 의미를 포함하며, 지급된 재료의 크기에 따라 가감하여 채점합니다.
3. 다음 사항에 대해서는 채점대상에서 제외하니 특히 유의하시기 바랍니다.
   (1) 실격 – ① 가스레인지 화구 2개 이상(2개 포함) 사용한 경우
   ② 불을 사용하여 만든 조리작품이 작품특성에 벗어나는 정도로 타거나 익지 않은 경우
   ③ 시험 중 시설·장비(칼, 가스레인지 등) 사용 시 감독위원 및 타수험자의 시험 진행에 위협이 될 것으로 감독위원 전원이 합의하여 판단한 경우
   (2) 미완성 – ① 시험시간 내에 과제 두 가지를 제출하지 못한 경우
   ② 문제의 요구사항대로 과제의 수량이 만들어지지 않은 경우
   (3) 오작 – ① 구이를 찜으로 조리하는 등과 같이 완성품을 요구사항과 다르게 만든 경우
   ② 해당과제의 지급재료 이외의 재료를 사용하거나 석쇠 등 요구사항의 조리도구를 사용하지 않은 경우

재료 및 분량

- 감자(Potato) – 200g 정도 …………………… 1개
- 버터(Butter) – 무염 …………………………… 15g
- 대파(Spring onion) – 흰 부분10cm 중 ………… 1토막
- 양파(Onion) 중 – 150g ……………………… 1/4개
- 치킨 스톡(Chicken stock) – 물로 대체 가능 ……… 270ml
- 생크림(Fresh cream) – 조리용 ………………… 20g
- 식빵(Toast bread) – 샌드위치용 ……………… 1조각
- 월계수잎(Bay leaf) ……………………………… 1잎
- 소금(Salt) – 정제염 ……………………………… 2g
- 흰 후추가루(White pepper) …………………… 1g

만·드·는·법

1. 감자는 채 썰어 물에 담가 두고, 대파와 양파도 채를 썬다.
2. 식빵은 1cm 정도로 잘라 버터에 볶아, 크루톤을 만든다.
3. 냄비에 약간의 버터를 녹여 대파와 양파를 볶다가 수분을 제거한 감자를 색 나지 않게 같이 볶은 후 물 3컵을 붓고 월계수잎을 넣어 뚜껑을 덮고, 중불로 푹 무르게 끓인다.
4. 감자가 충분히 무르면 체에 내려 냄비에 다시 넣고, 농도를 맞춘다.
5. 생크림을 넣어 섞은 다음 소금, 후추 간을 하고 수프 볼에 담는다.
6. 황금색의 크루톤을 띄운다.

▲ 재료 볶기

▲ 크루톤 만들기

▲ 감자 체에 내리기

득점 Point
- 감자가 충분히 익어야 체에 잘 걸러지고, 양파와 흰 대파를 볶을 때 갈색이 나지 않도록 한다.
- 수프의 농도가 묽지 않게 하며 발생하는 거품을 모두 제거하고, 생크림을 넣은 후에는 끓이지 않는다.

▲ 생크림 넣어 섞기

피시 차우더 수프 (Fish chowder soup)

차우더란(Chowder)란 미리 익힌 새우, 굴, 조개, 생선살, 채소를 화이트 루에 우유, 생선육수를 이용하여 걸쭉하게 끓인 영국식의 독특한 수프이다. 클램 차우더(Clam chowder)는 조개, 굴 등을 넣어 진한맛이 나도록 미국에서 만든 해산물 수프이고 맨해튼 차우더는 토마토로 만든다.

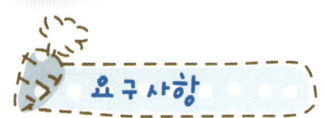 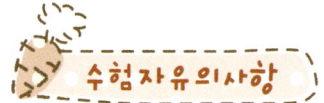 

주어진 재료를 사용하여 다음과 같이 피시 차우더 수프를 만드시오.

① 차우더 수프는 화이트 루(roux)를 이용하여 농도를 맞추시오.
② 채소는 0.7cm × 0.7cm × 0.1cm, 생선은 1cm × 1cm × 1cm 정도 크기로 써시오.
③ 대구살을 이용하여 생선스톡을 만들어 사용하시오.
④ 수프는 200ml 이상 제출하시오.

1. 만드는 순서에 유의하며, 위생과 숙련된 기능평가를 위하여 조리작업 시 맛을 보지 않습니다.
2. 요구사항의 규격은 '정도'의 의미를 포함하며, 지급된 재료의 크기에 따라 가감하여 채점합니다.
3. 다음 사항에 대해서는 채점대상에서 제외하니 특히 유의하시기 바랍니다.
   (1) 실격 – ① 가스레인지 화구 2개 이상(2개 포함) 사용한 경우
          ② 불을 사용하여 만든 조리작품이 작품특성에 벗어나는 정도로 타거나 익지 않은 경우
          ③ 시험 중 시설·장비(칼, 가스레인지 등) 사용 시 감독위원 및 타수험자의 시험 진행에 위협이 될 것으로 감독위원 전원이 합의하여 판단한 경우
   (2) 미완성 – ① 시험시간 내에 과제 두 가지를 제출하지 못한 경우
             ② 문제의 요구사항대로 과제의 수량이 만들어지지 않은 경우
   (3) 오작 – ① 구이를 찜으로 조리하는 등과 같이 완성품을 요구사항과 다르게 만든 경우
           ② 해당과제의 지급재료 이외의 재료를 사용하거나 석쇠 등 요구사항의 조리도구를 사용하지 않은 경우

재료 및 분량

- 대구(Fish) – 살코기 ·············· 50g
- 베이컨(Bacon) – 길이 25~30cm ···1/2조각
- 양파(Onion) 중 – 150g 정도 ···1/6개
- 감자(Potato) – 150g 정도 ···1/4개
- 셀러리(Celery) ·················· 30g
- 버터(Butter) – 무염 ·············· 20g
- 밀가루(Flour) – 중력분 ········ 15g
- 우유(Milk) ···················· 200ml
- 월계수잎(Bay leaf) ·············· 1잎
- 정향 ···························· 1개
- 소금(Salt) – 정제염 ·············· 2g
- 흰 후추가루(White pepper) ······ 2g

만·드·는·법

1. 감자는 껍질을 벗기고 사방 0.7cm의 두께 0.1cm 썰어 찬물에 담근다.
2. 양파는 사방 0.7cm로 썰고 짜투리 양파도 채 썰어 스톡 만들 때 사용한다.
3. 셀러리는 사방 0.7cm로 썰고 베이컨도 썬다.
4. 양파, 셀러리, 월계수잎, 정향을 이용하여 부케가르니를 만든다.
5. 대구살도 사방 1cm 두께와 폭으로 썬 다음, 냄비에 물 300ml 붓고 짜투리 셀러리, 양파 썬 것 넣고 끓여 삶아지면 면보에 걸러 생선살 골라두고 걸러진 맑은 물은 스톡으로 사용한다.
6. 팬에 베이컨을 볶은 다음 양파, 샐러리, 감자순으로 넣어 볶는다.
7. 냄비에 버터(15g)과 밀가루(15g)을 넣어 색 나지 않게 볶아 화이트루를 만든 다음 스톡을 붓고, 월계수잎, 정향, 볶은 채소를 넣고 우유(200ml)로 농도를 맞추며 데친 생선을 넣고 끓여준다.
8. 농도가 맞으면 월계수잎, 정향을 꺼내고 소금과 후추로 간을 맞춘다.

▲ 베이컨 기름 빼기

▲ 채소 볶기

▲ 생선살 익히기

▲ 준비된 재료 넣기

득점 Point

- 수프에 사용되는 모든 재료를 완전히 익히고, 수프의 농도가 너무 되거나 묽지 않은 흰색을 띠어야 한다.
- 생선살이 부서지지 않도록 주의하고, 루는 충분히 볶아 사용한다.
- 수프의 농도가 되직하면 미리 준비한 스톡으로 농도를 조절한다.

치킨 커틀렛 (Chicken cutlet)

치킨 커틀렛은 닭가슴살에 칼집을 넣고 펴서 소금, 후추를 뿌린 후 밀가루, 달걀, 빵가루 등을 입혀, 황금색이 나도록 튀겨낸 요리이다. 튀김에 사용되는 재료에 따라 피시 커틀렛(Fish cutlet), 비프 커틀렛(Beef cutlet), 포크 커틀렛(Pork cutlet) 등이 있다.

요구사항

주어진 재료를 사용하여 다음과 같이 치킨 커틀렛을 만드시오.
① 닭은 껍질채 사용하시오.
② 완성된 커틀렛의 색에 유의하고 두께는 1cm 정도로 하시오.
③ 딥팻후라이(Deep fat frying)로 하시오.

수험자유의사항

1. 만드는 순서에 유의하며, 위생과 숙련된 기능평가를 위하여 조리작업 시 맛을 보지 않습니다.
2. 요구사항의 규격은 '정도'의 의미를 포함하며, 지급된 재료의 크기에 따라 가감하여 채점합니다.
3. 다음 사항에 대해서는 채점대상에서 제외하니 특히 유의하시기 바랍니다.
   (1) 실격 – ① 가스레인지 화구 2개 이상(2개 포함) 사용한 경우
   ② 불을 사용하여 만든 조리작품이 작품특성에 벗어나는 정도로 타거나 익지 않은 경우
   ③ 시험 중 시설·장비(칼, 가스레인지 등) 사용 시 감독위원 및 타수험자의 시험 진행에 위협이 될 것으로 감독위원 전원이 합의하여 판단한 경우
   (2) 미완성 – ① 시험시간 내에 과제 두 가지를 제출하지 못한 경우
   ② 문제의 요구사항대로 과제의 수량이 만들어지지 않은 경우
   (3) 오작 – ① 구이를 찜으로 조리하는 등과 같이 완성품을 요구사항과 다르게 만든 경우
   ② 해당과제의 지급재료 이외의 재료를 사용하거나 석쇠 등 요구사항의 조리도구를 사용하지 않은 경우

재료 및 분량

- 닭다리(허벅지 살 포함) ······················· 1개
- 달걀(Egg) ······································· 1개
- 밀가루(Flour) – 중력분 ······················ 30g
- 빵가루(Bread crumb) – 마른 것 ············ 50g
- 소금(Salt) – 정제염 ···························· 2g
- 검은 후추가루(Black pepper) ················ 2g
- 식용유(Oil) ································· 500ml
- 냅킨(napkin) – 기름제거용 ·········· 흰색 2장

만·드·는·법

1. 닭은 뼈에서 살을 발라내어 살이 두꺼우면 포를 떠, 커틀렛의 두께가 1cm 정도 되도록 손질한다.
2. 껍질부분에 칼집을 많이 넣어 오그라들지 않게 하고, 살 쪽에도 칼집을 넣어 펴 준 다음 소금, 후추를 뿌린다.
3. 튀김용 식용유를 미리 올려놓는다.
4. 달걀은 잘 풀고 밀가루와 빵가루를 준비한다.
5. 손질한 닭살에 밀가루, 달걀물, 빵가루 순으로 입혀 170℃ 온도의 식용유에 황금색이 나게 튀겨낸다.
6. 키친 타올을 이용하여 여분의 기름을 제거하여 접시에 담는다.

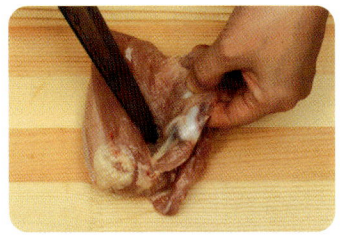

▲ 닭의 뼈에서 살 발라내기

▲ 닭살에 잔 칼집 넣기

▲ 닭살에 튀김옷 입히기

득점 Point

- 반드시 닭의 껍질을 사용하여야 하며, 170℃ 정도의 기름에 노릇노릇하게 튀겨낸다.
- 지나치게 얇거나 두껍지 않고, 일정한 두께가 유지되도록 한다.

▲ 튀기기

치킨 알라킹 (Chicken a' la king)

치킨 알라킹은 왕을 위한 닭고기 요리라는 뜻으로, 닭고기와 채소를 요구사항에 맞게 썰어 볶아, 흰색이 띠도록 만들어진 소스에 넣고 끓여서 맛을 낸 다음, 토스트한 빵 위에 얹어 먹는 영국풍의 요리이다.

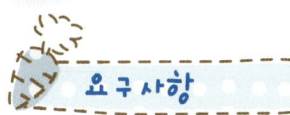

주어진 재료를 사용하여 다음과 같이 치킨 알라킹을 만드시오.
① 완성된 닭고기와 채소, 버섯의 크기는 1.8cm×1.8cm 정도로 균일하게 하시오.
② 닭뼈를 이용하여 치킨 육수를 만들어 사용하시오.
③ 화이트 루(roux)를 이용하여 베샤멜소스를 만들어 사용하시오.

1. 만드는 순서에 유의하며, 위생과 숙련된 기능평가를 위하여 조리작업 시 맛을 보지 않습니다.
2. 요구사항의 규격은 '정도'의 의미를 포함하며, 지급된 재료의 크기에 따라 가감하여 채점합니다.
3. 다음 사항에 대해서는 채점대상에서 제외하니 특히 유의하시기 바랍니다.
   (1) 실격 – ① 가스레인지 화구 2개 이상(2개 포함) 사용한 경우
              ② 불을 사용하여 만든 조리작품이 작품특성에 벗어나는 정도로 타거나 익지 않은 경우
              ③ 시험 중 시설·장비(칼, 가스레인지 등) 사용 시 감독위원 및 타수험자의 시험 진행에 위협이 될 것으로 감독위원 전원이 합의하여 판단한 경우
   (2) 미완성 – ① 시험시간 내에 과제 두 가지를 제출하지 못한 경우
                ② 문제의 요구사항대로 과제의 수량이 만들어지지 않은 경우
   (3) 오작 – ① 구이를 찜으로 조리하는 등과 같이 완성품을 요구사항과 다르게 만든 경우
              ② 해당과제의 지급재료 이외의 재료를 사용하거나 석쇠 등 요구사항의 조리도구를 사용하지 않은 경우

재료 및 분량

- 닭고기(Chicken meat) – 닭다리 ·········1개
- 밀가루(Flour) – 중력분 ············15g
- 버터(Butter) – 무염 ················20g
- 우유(Milk) ····················150ml
- 양송이(Mushroom) – 2개 ······20g
- 청피망(Green Piment) 중 – 75g정도 ······1/4개
- 홍피망(Red piment) 중 – 75g 정도 ······1/6개
- 양파(Onion) 중 – 150g 정도 ······1/6개
- 정향(Clove) ··················1개
- 월계수잎(Bay leaf) ············1잎
- 흰 후추가루(White pepper) ······2g
- 소금(Salt) – 정제염 ··············2g
- 생크림(Fresh cream) – 조리용···20g

만·드·는·법

1. 양파, 홍피망, 청피망을 1.8cm×1.8cm 정도로 균일하게 자른다. 양송이도 껍질을 제거하고 자른다.
2. 스톡용으로 양파 자투리를 채 썰고, 양파조각과 월계수잎에 정향을 꽂아 준비한다.
3. 닭은 뼈와 껍질을 제거하고, 2cm×2cm로 자른다.
4. 팬에 버터를 두르고 양파, 양송이, 청피망, 홍피망 순으로 넣어 볶아낸다.
5. 냄비에 채 썬 양파, 닭뼈, 닭고기, 물을 넣고 끓여, 닭고기가 익으면 면보에 걸러 닭고기와 스톡을 따로 준비한다.
6. 냄비에 버터(15g)와 밀가루(15g)을 넣어 색 나지 않게 볶아 화이트 루를 만든다.
7. 6에 양파와 월계수잎에 정향 꽂은 것을 넣고, 우유(150ml)를 부우면서 멍울이 지지 않게 풀어 준 다음 체에 걸러준다.
8. 7의 베샤멜 소스를 냄비에 다시 넣고 농도가 되면 닭 육수를 이용하여 맞춘다.
9. 8에 익힌 닭살과 채소를 넣어 약불에서 살짝 끓이다가 생크림, 소금, 후추를 넣어 맛을 낸다.

▲ 재료 썰기

▲ 닭고기 삶아 면보에 거르기

▲ 썬 채소 각각 볶기

득점 Point
- 홍 피망은 빨간 즙이 우러나 올 수 있으니 주의한다.
- 농도는 걸죽하게 흐르는 농도가 좋으며, 익힌 재료를 넣고 오래 끓이지 않도록 한다.
- 루를 사용한 요리는 식으면 되직해지므로 약간 묽다 싶을 때 불을 끈다.

▲ 화이트 크림소스 만들기

바비큐 폭찹 (Barbecued pork chop)

바비큐 폭찹은 돼지갈비를 손질하여 구운 후 새콤, 달콤, 매콤하면서 윤기가 흐르는 소스에 넣고 졸인 요리이다. 남녀노소 누구나 좋아하는 바비큐 폭찹은 돼지등심 부분을 손질하여 구운 다음 소스의 맛이 배이도록 졸여서 완성해도 된다.

주어진 재료를 사용하여 다음과 같이 바비큐 폭찹을 만드시오.
① 고기는 뼈가 붙은 채로 사용하고, 고기의 두께는 1cm 정도로 하시오.
② 양파, 셀러리, 마늘은 다져 소스로 만드시오.
③ 완성된 소스는 농도에 유의하고 윤기가 나도록 하시오.

1. 만드는 순서에 유의하며, 위생과 숙련된 기능평가를 위하여 조리작업 시 맛을 보지 않습니다.
2. 요구사항의 규격은 '정도'의 의미를 포함하며, 지급된 재료의 크기에 따라 가감하여 채점합니다.
3. 다음 사항에 대해서는 채점대상에서 제외하니 특히 유의하시기 바랍니다.
   (1) 실격 - ① 가스레인지 화구 2개 이상(2개 포함) 사용한 경우
             ② 불을 사용하여 만든 조리작품이 작품특성에 벗어나는 정도로 타거나 익지 않은 경우
             ③ 시험 중 시설·장비(칼, 가스레인지 등) 사용 시 감독위원 및 타수험자의 시험 진행에 위협이 될 것으로 감독위원 전원이 합의하여 판단한 경우
   (2) 미완성 - ① 시험시간 내에 과제 두 가지를 제출하지 못한 경우
              ② 문제의 요구사항대로 과제의 수량이 만들어지지 않은 경우
   (3) 오작 - ① 구이를 찜으로 조리하는 등과 같이 완성품을 요구사항과 다르게 만든 경우
            ② 해당과제의 지급재료 이외의 재료를 사용하거나 석쇠 등 요구사항의 조리도구를 사용하지 않은 경우

재료 및 분량

- 돼지갈비(Pork ribs) – 살 두께 5cm 이상, 뼈를 포함한 길이 10cm ···200g
- 양파(Onion) 중 – 150g 정도   1/4개
- 셀러리(Celery) ················30g
- 버터(Butter) – 무염 ··········10g
- 토마토 케찹(Tomato ketchup) 30g
- 황설탕(Brown sugar) ············10g
- 우스터 소스(Worcester sauce) ···5ml
- 식초(Vinegar) ·················10ml
- 핫 소스(Hot sauce) ·············5ml
- 월계수잎(Bay leaf) ·············1잎
- 밀가루(Flour) – 중력분··········10g
- 소금(Salt) – 정제염 ··············2g
- 검은 후추가루(Black pepper) ···2g
- 레몬(Lemon) ··················1/6개
- 마늘(Garlic) ···················1쪽
- 식용유(Oil) ··················30ml
- 비프 스톡(육수) – 물로 대체 가능 ···200ml

만·드·는·법

1. 돼지갈비는 기름과 막을 제거하고, 찬물에 담가 핏물을 제거한다.
2. 양파, 셀러리, 마늘을 곱게 다진다.
3. 돼지갈비는 뼈에 붙은 살을 저며서 펼쳐, 잔 칼집을 넣고 소금, 후추를 뿌린다.
4. 돼지갈비에 밀가루를 입혀 식용유에 노릇하게 지진다.
5. 냄비에 버터를 녹여 양파, 마늘, 셀러리를 볶다가 토마토 케찹을 넣어 볶고 물, 황설탕, 우스터 소스, 핫소스 약간, 월계수잎, 식초를 넣고 중불에서 끓인다.
6. 거품을 거두며 끓인 소스가 걸죽해지면, 갈비를 넣어 끓이고 레몬즙, 소금, 후추를 넣어 간을 맞추고 월계수잎은 건진다.
7. 윤기나게 졸여진 갈비를 접시에 담고, 소스를 끼얹는다.

▲ 갈비살 펴주기

▲ 팬에 갈비 굽기

▲ 냄비에 소스 만들기

▲ 소스에 갈비 넣기

득점 Point

- 소스팬에 오일을 두르고, 마늘과 양파가 익을 때까지 볶아야 한다.
- 갈비의 기름과 막을 제거하고, 힘줄을 끊어주고 일정한 두께로 두드려서 익혔을 때 뒤틀리지 않도록 하여야 한다.
- 돼지고기 요리는 기생충의 감염우려가 있으니, 조리 시 완전히 익혀야 한다.

비프 스튜 (Beef stew)

비프 스튜는 버터에 볶은 채소와 고기를 브라운 루에 페이스트 볶은것, 부케가르니와 물을 넣고 은은한 불에 푹 끓여 익힌 요리로, 간식이나 식사 대용으로 즐기기도 한다.

 요구사항

주어진 재료를 사용하여 다음과 같이 비프 스튜를 만드시오.
① 완성된 소고기와 채소의 크기는 1.8cm 정도의 정육면체로 하시오.
② 브라운 루(Brown roux)를 만들어 사용하시오.
③ 파슬리 다진 것을 뿌려 내시오.

 수험자유의사항

1. 만드는 순서에 유의하며, 위생과 숙련된 기능평가를 위하여 조리작업 시 맛을 보지 않습니다.
2. 요구사항의 규격은 '정도'의 의미를 포함하며, 지급된 재료의 크기에 따라 가감하여 채점합니다.
3. 다음 사항에 대해서는 채점대상에서 제외하니 특히 유의하시기 바랍니다.
   (1) 실격 – ① 가스레인지 화구 2개 이상(2개 포함) 사용한 경우
           ② 불을 사용하여 만든 조리작품이 작품특성에 벗어나는 정도로 타거나 익지 않은 경우
           ③ 시험 중 시설·장비(칼, 가스레인지 등) 사용 시 감독위원 및 타수험자의 시험 진행에 위협이 될 것으로 감독위원 전원이 합의하여 판단한 경우
   (2) 미완성 – ① 시험시간 내에 과제 두 가지를 제출하지 못한 경우
           ② 문제의 요구사항대로 과제의 수량이 만들어지지 않은 경우
   (3) 오작 – ① 구이를 찜으로 조리하는 등과 같이 완성품을 요구사항과 다르게 만든 경우
           ② 해당과제의 지급재료 이외의 재료를 사용하거나 석쇠 등 요구사항의 조리도구를 사용하지 않은 경우

재료 및 분량

- 소고기방심(Beef) – 살코기 덩어리 … 100g
- 마늘(Garlic) … 1쪽
- 당근 … 70g
- 양파(Onion) 중 – 150g 정도 … 1/4개
- 감자(Potato) – 150g 정도 … 1/3개
- 셀러리(Celery) … 30g
- 밀가루[(Flour) 중력분] … 25g
- 토마토 페이스트(Tomato paste) … 20g
- 파슬리(Parsley) – 잎, 줄기 포함 … 1줄기
- 소금(Salt) – 정제염 … 2g
- 검은 후추가루(Black pepper) … 2g
- 정향(Clove) … 1개
- 월계수잎(Bay leaf) … 1잎
- 버터(Butter) – 무염 … 30g

만드는 법

1. 파슬리를 찬물에 담그고 당근, 양파, 감자, 셀러리를 잘라 각진 부분을 둥글게 정리하고, 1.8cm 정도의 정육면체로 다듬는다.
2. 소고기는 기름과 막을 제거하고, 사방 2cm 정육면체로 썰어 소금과 후추로 간하고, 밀가루를 살짝 입힌다.
3. 팬에 버터를 녹이고 다진 마늘과 양파를 볶아내고 감자, 셀러리도 각각 볶아 낸 다음 소고기도 볶는다.
4. 양파, 셀러리, 월계수잎, 정향을 이용하여 부케가르니를 만든다.
5. 냄비에 버터(15g)와 밀가루(15g)을 넣어 볶아 브라운 루를 만든 다음, 토마토 페이스트 20g을 넣어 충분히 볶다가 육수와 볶은 재료, 부케가르니를 넣어 끓인다.
6. 파슬리는 잎만 곱게 다져, 면보에 감싸 물에 씻어 녹즙을 제거하여 준비한다.
7. 거품을 제거하며 끓이다가 농도가 걸쭉해졌으면, 부케가르니를 건져내고 소금, 후추로 간을 한다.
8. 그릇에 담고 파슬리 찹을 뿌려 낸다.

▲ 고기에 밀가루 입히기

▲ 재료 썰기

▲ 브라운 루에 페이스트 넣기

▲ 거품 제거하며 끓이기

득점 Point

- 브라운 루(Brown Roux)를 많이 넣으면, 스튜의 농도가 너무 될수 있으니 주의한다.
- 은근한 불에서 뭉근하게 끓여 사용한 재료가 완전히 익을 수 있도록 한다.

서로인 스테이크 (Sirloin steak)

서로인 스테이크는 소고기의 허리 윗부분(Loin)의 살로, 최고의 맛과 귀한 고기라 하여 영국 국왕 찰스 2세가 'sir' 라는 귀족의 호칭을 수여하여 'sirloin' 이 되었다. 온도를 잘 맞추어 미디엄(Medium)으로 구워 더운 채소를 각각 모양 있게 만들어 곁들이는 요리이다.

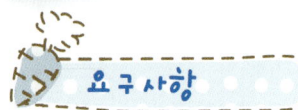  

주어진 재료를 사용하여 다음과 같이 서로인 스테이크를 만드시오.
① 스테이크는 미디엄(medium)으로 구우시오.
② 더운 채소(당근, 감자, 시금치)를 각각 모양 있게 만들어 함께 내시오.

1. 만드는 순서에 유의하며, 위생과 숙련된 기능평가를 위하여 조리작업 시 맛을 보지 않습니다.
2. 요구사항의 규격은 '정도' 의 의미를 포함하며, 지급된 재료의 크기에 따라 가감하여 채점됩니다.
3. 다음 사항에 대해서는 채점대상에서 제외하니 특히 유의하시기 바랍니다.
   (1) 실격 – ① 가스레인지 화구 2개 이상(2개 포함) 사용한 경우
   ② 불을 사용하여 만든 조리작품이 작품특성에 벗어나는 정도로 타거나 익지 않은 경우
   ③ 시험 중 시설·장비(칼, 가스레인지 등) 사용 시 감독위원 및 타수험자의 시험 진행에 위협이 될 것으로 감독위원 전원이 합의하여 판단한 경우
   (2) 미완성 – ① 시험시간 내에 과제 두 가지를 제출하지 못한 경우
   ② 문제의 요구사항대로 과제의 수량이 만들어지지 않은 경우
   (3) 오작 – ① 구이를 찜으로 조리하는 등과 같이 완성품을 요구사항과 다르게 만든 경우
   ② 해당과제의 지급재료 이외의 재료를 사용하거나 석쇠 등 요구사항의 조리도구를 사용하지 않은 경우

재료 및 분량

- 소고기등심(Sirloin) – 덩어리 ·············· 200g
- 감자(Potato) – 150g 정도 ·············· 1/2개
- 당근(Carrot) ·············· 70g
- 시금치(Spinach) ·············· 70g
- 버터(Butter) – 무염 ·············· 50g
- 식용유(Oil) ·············· 150ml
- 소금(Salt) – 정제염 ·············· 2g
- 검은 후추가루(Black pepper) ·············· 1g
- 백설탕(White sugar) ·············· 25g
- 양파(Garlic) 중 – 150g 정도 ·············· 1/6개

만·드·는·법

1. 당근은 두께 0.8cm, 직경 3cm의 원형으로 썰어 원반 모양이 되게 다듬어 끓는 소금물에 삶은 다음 냄비에 약간의 버터를 녹이고 설탕, 소금을 넣고 윤기나게 졸인다.
2. 감자는 두께와 폭 1cm, 길이 4cm의 스틱형으로 썰어 삶은 후, 식혀서 기름에 튀겨 소금을 뿌린다.
3. 시금치를 다듬어 씻은 후 끓는 소금물에 데친 다음, 헹궈 4cm 길이로 썰어 다진 양파와 함께 버터 녹인 팬에 볶는다.
4. 소고기등심은 기름과 막, 힘줄을 제거하고 정리한 다음 앞뒤로 칼집을 넣어 소금, 후추, 식용유를 바르고 채소 자투리를 올려 마리네이드한다.
5. 팬을 달구어 식용유를 두르고, 자투리 채소를 제거한 소고기등심을 앞뒤로 갈색나게 굽다가, 불을 은근하게 줄여 미디움(medium)으로 익힌다.
6. 접시에 더운 채소를 모양 있게 담고, 익힌 고기를 담아낸다.

▲ 당근 모양내기

▲ 감자 튀기기

▲ 고기 마리네이드 하기

▲ 고기 굽기

Point
- 마리네이드(Marinade)란 육류에 향을 첨가하고, 보다 더 부드럽게 만들기 위해 양념에 재우는 것으로, 뚜껑을 꼭 덮어 냉장상태에서 실시하고, 고루 섞어 일정하게 맛이 들도록 위 아래를 뒤집어 준다.
- 등심을 구울 때 초기엔 고온에서 색을 내고, 중간불로 익혀야 육즙이 빠져나오지 않아 맛과 풍미가 좋다.

샐리스버리 스테이크 (Salisbury steak)

샐리스버리 스테이크는 영국의 후작이며 의사인 샐리스버리가, 빈혈퇴치를 위해 스테이크를 많이 먹도록 권장하였다 하여 그의 이름을 따서 붙인 요리이다. 곱게 다진 소고기와 노릇하게 볶아 식힌 양파, 불린 빵가루, 소금, 후추를 넣고 끈기 있게 치댄 후, 럭비공 모양으로 빚어 구운 요리로, 햄버거 스테이크와 유사하다.

 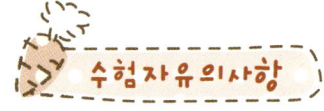 

주어진 재료를 사용하여 다음과 같이 샐리스버리 스테이크를 만드시오.

① 샐리스버리 스테이크는 타원형으로 만들어 고기 앞, 뒤의 색을 갈색으로 구우시오.
② 더운 채소(당근, 감자, 시금치)를 각각 모양 있게 만들어 곁들여 내시오.

1. 만드는 순서에 유의하며, 위생과 숙련된 기능평가를 위하여 조리작업 시 맛을 보지 않습니다.
2. 요구사항의 규격은 '정도'의 의미를 포함하며, 지급된 재료의 크기에 따라 가감하여 채점합니다.
3. 다음 사항에 대해서는 채점대상에서 제외하니 특히 유의하시기 바랍니다.
   (1) 실격 – ① 가스레인지 화구 2개 이상(2개 포함) 사용한 경우
   ② 불을 사용하여 만든 조리작품이 작품특성에 벗어나는 정도로 타거나 익지 않은 경우
   ③ 시험 중 시설·장비(칼, 가스레인지 등) 사용 시 감독위원 및 타수험자의 시험 진행에 위협이 될 것으로 감독위원 전원이 합의하여 판단한 경우
   (2) 미완성 – ① 시험시간 내에 과제 두 가지를 제출하지 못한 경우
   ② 문제의 요구사항대로 과제의 수량이 만들어지지 않은 경우
   (3) 오작 – ① 구이를 찜으로 조리하는 등과 같이 완성품을 요구사항과 다르게 만든 경우
   ② 해당과제의 지급재료 이외의 재료를 사용하거나 석쇠 등 요구사항의 조리도구를 사용하지 않은 경우

재료 및 분량

- 소고기(Beef) – 살코기 갈은것 ……… 130g
- 양파(Onion) 중 – 150g 정도 … 1/6개
- 빵가루(Crumbs) – 마른 것 …… 20g
- 우유(Milk) ………………………… 10ml
- 소금(Salt) – 정제염 ……………… 2g
- 검은 후추가루(Black pepper) … 2g
- 달걀(Egg) ………………………… 1개
- 감자(Potato) – 150g 정도 … 1/2개
- 시금치(Spinach) ………………… 70g
- 당근(Carrot) …………………… 70g
- 백설탕(White sugar) …………… 25g
- 버터(Butter) – 무염 ……………… 50g
- 식용유(Oil) ……………………… 150ml

만·드·는·법

1. 양파는 곱게 다진 후 약간의 식용유를 두른 팬에 볶아 식힌다.
2. 빵가루에 우유, 달걀을 넣어 불리고, 갈아서 주어진 살코기의 기름과 막을 제거하고 곱게 다진다.
3. 당근은 두께 0.8cm, 직경 3cm의 원형으로 썰어 원반 모양이 되게 다듬어 끓는 소금물에 삶은 다음, 냄비에 약간의 버터를 녹이고 설탕, 소금을 넣고 윤기나게 졸인다.
4. 감자는 두께와 폭 1cm, 길이 4cm의 스틱형으로 썰어 삶은 후, 식혀서 기름에 튀겨 소금을 뿌린다.
5. 시금치를 다듬어 씻은 후 끓는 소금물에 데친 다음, 헹궈 4cm 길이로 썰어 다진 양파와 함께 버터 녹인 팬에 볶는다.
6. 볼에 양파 볶은것, 불린 빵가루, 소고기, 소금, 후추를 넣어 고루 섞어 끈기가 생길때까지 치댄 다음, 비닐 위에 기름을 발라 럭비공 모양으로 만든다.
7. 팬을 뜨겁게 달구어 기름을 두르고, 소고기를 앞뒤로 갈색이 나게 굽다가 불을 줄여 속까지 익힌다.
8. 접시에 더운 채소와 익힌 고기를 모양 있게 담아낸다.

▲ 양파 볶기

▲ 당근 조려주기

▲ 시금치 볶기

득점 Point

- 갈아서 주어지는 소고기는 기름, 막, 힘줄 등을 제거하고, 다시 다져서 사용해야 스테이크 모양이 예쁘다.
- 사용된 재료가 접착력이 생기도록 두드리듯이 쳐준 다음, 타원형 모양이 나도록 빚는다.

▲ 고기 굽기

스파게티 카르보나라 (Spaghetti Carbonara)

이태리어로 광부를 칭하는 까르보나라는 광부가 일을 끝내고 목에 있는 먼지를 넘기기 위해 많이 먹던 음식이다.

 요구사항

 수험자유의사항

 30분

주어진 재료를 사용하여 다음과 같이 스파게티 카르보나라를 만드시오.

① 스파게티 면은 al dante(알단테)로 삶아서 사용하시오.
② 파슬리는 다지고 통후추는 곱게 으깨서 사용하시오.
③ 베이컨은 1cm 정도 크기로 썰어, 으깬 통후추와 볶아서 향이 잘 우러나게 하시오.
④ 생크림은 달걀노른자를 이용한 리에종(Liaison)과 소스에 사용하시오.

1. 만드는 순서에 유의하며, 위생과 숙련된 기능평가를 위하여 조리작업 시 맛을 보지 않습니다.
2. 요구사항의 규격은 '정도'의 의미를 포함하며, 지급된 재료의 크기에 따라 가감하여 채점합니다.
3. 다음 사항에 대해서는 채점대상에서 제외하니 특히 유의하시기 바랍니다.
   (1) 실격 - ① 가스레인지 화구 2개 이상(2개 포함) 사용한 경우
              ② 불을 사용하여 만든 조리작품이 작품특성에 벗어나는 정도로 타거나 익지 않은 경우
              ③ 시험 중 시설·장비(칼, 가스레인지 등) 사용 시 감독위원 및 타수험자의 시험 진행에 위협이 될 것으로 감독위원 전원이 합의하여 판단한 경우
   (2) 미완성 - ① 시험시간 내에 과제 두 가지를 제출하지 못한 경우
                ② 문제의 요구사항대로 과제의 수량이 만들어지지 않은 경우
   (3) 오작 - ① 구이를 찜으로 조리하는 등과 같이 완성품을 요구사항과 다르게 만든 경우
              ② 해당과제의 지급재료 이외의 재료를 사용하거나 석쇠 등 요구사항의 조리도구를 사용하지 않은 경우

재료 및 분량

- 스파게티면(건조면) ··············· 80g
- 올리브오일 ··············· 20ml
- 버터(무염) ··············· 20g
- 생크림 ··············· 180ml
- 베이컨(15 ~ 20cm) ··············· 2개
- 달걀 ··············· 1개
- 파마산 치즈가루 ··············· 10g
- 파슬리 ··············· 1줄기
- 소금 ··············· 5g
- 검은통후추 ··············· 5개
- 식용유 ··············· 20ml

만·드·는·법

1. 냄비에 충분한 양의 물을 붓고 끓으면 식용유, 소금을 넣고 스파게티를 8분 정도 삶아 알단테 상태가 되면 체에 받쳐 물기를 제거하고 올리브오일에 버무려 넣는다.
2. 파슬리는 찬물에 담가 두었다가 곱게 다져 소창에 감싸 흐르는 물에 헹구어 녹즙을 제거한 후 꼭 짜서 보슬보슬하게 만든다.
3. 통후추는 칼등으로 으깨고, 베이컨은 1cm 길이로 썬다.
4. 생크림(3) : 달걀노른자(1)를 이용하여 리에종(Liaison)을 만든다.
5. 으깬 통후추를 팬에 볶다가 버터와 베이컨을 넣어 눌러붙지 않도록 볶는다.
6. 볶은 베이컨에 스파게티면을 넣어 볶고 생크림을 넣어준 후 리에종(Liaison)으로 농도를 맞추어 스파게티면과 소스가 어우러지게 만든다.
7. 조리된 스파게티에 다진 파슬리, 파마산 치즈가루를 뿌리고 포크와 숟가락을 이용하여 돌려서 담는다.

▲ 스파게티 삶는 모습

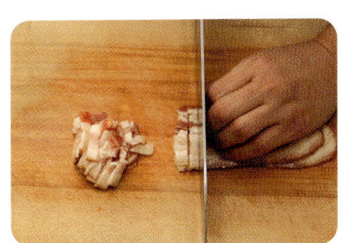
▲ 베이컨 썰기

▲ 리에종 만들기

득점 Point

- 리에종을 만드는 비율은 달걀노른자 1개와 휘핑크림 60ml(1 : 3) 비율이 적당하다.
- 리에종을 넣고 오래 볶으면 분리될 수 있다.
- 삶은 스파게티면에 올리브오일을 넣어 버무려 놓으면 불지 않는다.

▲ 리에종 넣기

토마토소스 해산물 스파게티(Seafood spaghetti tomato sauce)

풍부한 맛과 영양을 갖고 있는 토마토로부터 만들어진 토마토소스에 오징어, 조개, 새우 등을 주재료로 하고 경우에 따라서 연어, 홍합, 패주, 생선을 이용하는 토마토소스 해산물 스파게티는 해산물이 풍부한 이탈리아의 남부지역 요리이다.

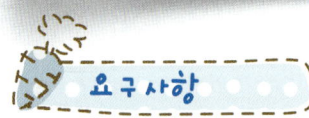 요구사항

 수험자유의사항

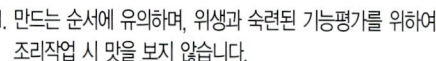 35분

주어진 재료를 사용하여 다음과 같이 토마토소스 해산물 스파게티를 만드시오.
① 스파게티 면은 al dante(알단테)로 삶아서 사용하시오.
② 조개는 껍질째, 새우는 껍질을 벗겨 내장을 제거하고, 관자살은 편으로 썰고, 오징어는 0.8cm×5cm 정도 크기로 썰어 사용하시오.
③ 해산물은 화이트와인을 사용하여 조리하고, 마늘과 양파는 해산물 조리와 토마토소스 조리에 나누어 사용하시오.
④ 바질을 넣은 토마토소스를 만들어 사용하시오.
⑤ 스파게티는 토마토소스에 버무리고 다진 파슬리와 슬라이스 한 바질을 넣어 완성하시오.

1. 만드는 순서에 유의하며, 위생과 숙련된 기능평가를 위하여 조리작업 시 맛을 보지 않습니다.
2. 요구사항의 규격은 '정도'의 의미를 포함하며, 지급된 재료의 크기에 따라 가감하여 채점합니다.
3. 다음 사항에 대해서는 채점대상에서 제외하니 특히 유의하시기 바랍니다.
   (1) 실격 – ① 가스레인지 화구 2개 이상(2개 포함) 사용한 경우
   ② 불을 사용하여 만든 조리작품이 작품특성에 벗어나는 정도로 타거나 익지 않은 경우
   ③ 시험 중 시설·장비(칼, 가스레인지 등) 사용 시 감독위원 및 타수험자의 시험 진행에 위협이 될 것으로 감독위원 전원이 합의하여 판단한 경우
   (2) 미완성 – ① 시험시간 내에 과제 두 가지를 제출하지 못한 경우
   ② 문제의 요구사항대로 과제의 수량이 만들어지지 않은 경우
   (3) 오작 – ① 구이를 찜으로 조리하는 등과 같이 완성품을 요구사항과 다르게 만든 경우
   ② 해당과제의 지급재료 이외의 재료를 사용하거나 석쇠 등 요구사항의 조리도구를 사용하지 않은 경우

재료 및 분량

- 스파게티면(건조면) ············ 70g
- 토마토(캔, 홀필드, 국물포함) ········ 300g
- 마늘 ························ 3쪽
- 양파 중(150g 정도) ········· 1/2개
- 바질(신선한 것) ··············· 4잎
- 파슬리 ······················ 1줄기
- 방울토마토 ···················· 2개
- 올리브오일 ···················· 40ml
- 새우(껍질 있는 것) ············ 3마리
- 모시조개(지름 3cm정도, 바지락 대체 가능) ··· 5개
- 오징어(몸통) ·················· 50g
- 관자살(50g, 작은 관자 3개 정도) ··· 1개
- 화이트와인 ···················· 20ml
- 소금 ························ 5g
- 흰후춧가루 ···················· 5g
- 식용유 ······················ 20ml

만·드·는·법

1. 파슬리는 찬물에 담가 두었다가 곱게 다져 소창에 감싸 흐르는 물에 헹구어 녹즙을 제거한 후 꼭 짜서 보슬보슬하게 만든다. 바질은 채로 썬다.
2. 냄비에 충분한 양의 물을 붓고 끓으면 식용유, 소금을 넣고 스파게티를 8분 정도 삶아 알단테 상태가 되면 체에 받쳐 물기를 제거하고 올리브오일에 버무려 놓는다.
3. 양파는 0.3cm 두께로 썰고, 마늘은 곱게 다지고, 홀 토마토도 곱게 으깬다. 방울토마토는 길이로 4쪽에서 6쪽으로 썰어둔다.
4. 모시조개는 깨끗이 세척하여 소금물에 담가 해감시키고, 새우는 껍질을 벗겨 내장을 제거하고 관자살도 손질하여 편으로 썰고 오징어는 껍질을 벗겨 5cm × 0.8cm 크기로 썰어 놓는다.
5. 팬에 올리브오일 2큰술을 두르고, 다진 마늘 1/2작은술과 다진 양파 3큰술 정도를 넣고 볶다가 으깬 홀토마토 넣고 끓여 졸이다가 바질(2잎) 슬라이스, 소금간을 하여 농도를 맞춰 토마토소스를 만들어 놓는다.
6. 팬에 올리브오일 1큰술을 두르고 마늘, 양파 다진것을 넣고 볶다가 해산물을 넣고 볶는다. 소금, 후추 간을 하고 화이트와인으로 후란베를 해서 와인향을 날려준다.
7. 6에 토마토소스와 스파게티면을 넣고 볶다가 소금, 후추를 넣고 맛을 낸 후 파슬리 찹과 채 썬 바질을 넣고 섞어 마무리한다.

▲ 재료

▲ 해물 손질하기

▲ 토마토소스 만들기

▲ 토마토소스 넣어 볶기

플랑베(Flambee)
조리 중이나 조리 마무리 단계에서 브랜디나 향이 좋고 휘발성이 강한 주류로 불을 붙여 알코올 성분은 날려 보내고 풍미를 살리며, 비린내나 잡내를 날리는 것이다.

타르타르 소스 (Tar tar sauce)

타르타르 소스는 다진 완숙란, 양파, 피클, 파슬리찹, 레몬즙, 소금, 흰 후추, 마요네즈를 넣고 버무려 만든 소스이다. 생선튀김, 새우튀김 등 생선요리에 사용된다.

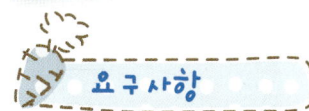

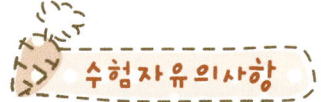

주어진 재료를 사용하여 다음과 같이 타르타르 소스를 만드시오.
① 다지는 재료의 0.2cm 정도의 크기로 하고 파슬리는 줄기를 제거하여 사용하시오.
② 소스는 농도를 잘 맞추어 100ml 정도 제출하시오.

1. 만드는 순서에 유의하며, 위생과 숙련된 기능평가를 위하여 조리작업 시 맛을 보지 않습니다.
2. 요구사항의 규격은 '정도'의 의미를 포함하며, 지급된 재료의 크기에 따라 가감하여 채점합니다.
3. 다음 사항에 대해서는 채점대상에서 제외하니 특히 유의하시기 바랍니다.
   (1) 실격 – ① 가스레인지 화구 2개 이상(2개 포함) 사용한 경우
   ② 불을 사용하여 만든 조리작품이 작품특성에 벗어나는 정도로 타거나 익지 않은 경우
   ③ 시험 중 시설·장비(칼, 가스레인지 등) 사용 시 감독위원 및 타수험자의 시험 진행에 위협이 될 것으로 감독위원 전원이 합의하여 판단한 경우
   (2) 미완성 – ① 시험시간 내에 과제 두 가지를 제출하지 못한 경우
   ② 문제의 요구사항대로 과제의 수량이 만들어지지 않은 경우
   (3) 오작 – ① 구이를 찜으로 조리하는 등과 같이 완성품을 요구사항과 다르게 만든 경우
   ② 해당과제의 지급재료 이외의 재료를 사용하거나 석쇠 등 요구사항의 조리도구를 사용하지 않은 경우

재료 및 분량

- 마요네즈(Mayonnaise) ·················· 70g
- 달걀(Egg) ····························· 1개
- 오이피클(Pickle) – 개당 25~30g짜리 ······ 1/2개
- 양파(Onion) 중 – 150g 정도 ············ 1/10개
- 파슬리(Parsley) – 잎, 줄기 포함 ········ 1줄기
- 레몬(Lemon) ·························· 1/4개
- 식초(Vinegar) ························· 2ml
- 소금(Salt) – 정제염 ···················· 2g
- 흰 후추가루(White pepper) ·············· 2g

만·드·는·법

1. 파슬리는 찬물에 담가두고 달걀도 잠길 만큼의 물을 붓고, 12분 정도 삶아 익혀서 찬물에 담가 식힌다.
2. 양파를 곱게 다져서 약간의 물과 소금을 넣고, 두었다가 면보로 물기를 꼭 짠다.
3. 피클은 잘게 다지고, 완숙란은 흰자와 노른자를 분리하여 0.2cm로 잘게 다진다.
4. 레몬은 즙을 짜고 파슬리는 잎만 곱게 다져, 면보에 감싼 후 흐르는 물에 씻어 녹즙을 제거하여 준비한다.
5. 볼에 마요네즈, 레몬즙, 식초, 다진 재료를 모두 넣고 섞는다. 소금과 후추를 넣어 간을 맞춘다.
6. 소스 볼에 담아낸다.

▲ 재료 준비하기

▲ 준비한 재료에 마요네즈 넣기

▲ 모든 재료 넣고 섞기

▲ 레몬즙 넣기

득점 Point
- 소스가 너무 묽거나 되지 않도록 농도 조절에 유의한다.
- 수분이 있는 식재료는 소창으로 물기를 짜서 사용한다.
- 삶은 달걀은 체에 내리지 않고 흰자와 노른자를 분리하여 다진다.

홀렌다이즈 소스 (Hollandaise sauce)

홀렌다이즈 소스는 난황 속에 함유되어 있는 레시틴(Lecithin)의 유화력을 이용한 소스로, 중탕으로 녹여 식힌 버터를 난황에 조금씩 넣어가며 휘퍼(Whipper)로 섞어 만든다. 마요네즈보다 묽고 부드러워야 하며 흰살 생선, 연어, 랍스터, 게 그라탕에 사용된다.

주어진 재료를 사용하여 다음과 같이 홀렌다이즈 소스를 만드시오.
① 양파와 식초를 이용하여 허브에센스를 만들어 사용하시오.
② 정제 버터를 만들어 사용하시오.
③ 소스는 중탕으로 만들어 굳지않게 그릇에 담아내시오.
④ 소스는 100ml 정도 제출하시오.

1. 만드는 순서에 유의하며, 위생과 숙련된 기능평가를 위하여 조리작업 시 맛을 보지 않습니다.
2. 요구사항의 규격은 '정도'의 의미를 포함하며, 지급된 재료의 크기에 따라 가감하여 채점합니다.
3. 다음 사항에 대해서는 채점대상에서 제외하니 특히 유의하시기 바랍니다.
   (1) 실격 – ① 가스레인지 화구 2개 이상(2개 포함) 사용한 경우
              ② 불을 사용하여 만든 조리작품이 작품특성에 벗어나는 정도로 타거나 익지 않은 경우
              ③ 시험 중 시설·장비(칼, 가스레인지 등) 사용 시 감독위원 및 타수험자의 시험 진행에 위협이 될 것으로 감독위원 전원이 합의하여 판단한 경우
   (2) 미완성 – ① 시험시간 내에 과제 두 가지를 제출하지 못한 경우
                ② 문제의 요구사항대로 과제의 수량이 만들어지지 않은 경우
   (3) 오작 – ① 구이를 찜으로 조리하는 등과 같이 완성품을 요구사항과 다르게 만든 경우
              ② 해당과제의 지급재료 이외의 재료를 사용하거나 석쇠 등 요구사항의 조리도구를 사용하지 않은 경우

재료 및 분량

- 버터(Butter) – 무염 ·················· 200g
- 달걀(Egg) ··························· 2개
- 양파(Onion) 중 – 150g 정도 ········· 1/8개
- 흰 후추가루(White pepper) ··········· 1g
- 검은 통후추(Black pepper corn) ······· 3개
- 식초(Vinegar) ······················ 20ml
- 레몬(Lemon) ······················· 1/4개
- 소금(Salt) – 정제염 ··················· 2g
- 파슬리(Parsley) – 잎, 줄기 포함 ······· 1줄기
- 월계수잎(Bay leaf) ···················· 1잎

만드는 법

1. 냄비에 물을 붓고 끓기 시작하면 버터 담은 그릇을 넣고 중탕하여 녹이면서 떠오르는 거품을 걷어내어 정제버터를 만들어 식힌다.
2. 통후추는 으깨고 양파는 채 썬다.
3. 냄비에 물 1컵, 양파채, 레몬즙, 파슬리줄기, 통후추 으깬 것, 식초를 넣고 은근히 졸인 다음 면보에 걸러 향신초를 준비한다.
4. 따뜻한 냄비위에 달걀노른자만 넣은 그릇을 올리고 거품기를 이용하여 풀어준다.
5. 거품기를 한 방향으로 저어주다가 약간 되직해지면, 향신초를 넣고 풀어주고 다시 버터를 넣어 저어 주는 것을 반복하여 소스를 만든다.
6. 5에 레몬즙, 소금, 후추를 넣고 완성하여 소스 볼에 담는다.

▲ 버터 녹이기

▲ 향신료 넣고 향초즙 끓이기

▲ 향초즙 걸러주기

득점 Point
- 밝은 노란색을 띠는 홀랜다이 소스는 표면이 반짝거리고 매우 부드러워야 한다.
- 분리 현상이나 덩어리가 보여서는 안 되며, 마요네즈보다 좀더 묽고 연해야 한다.
- 난황이나 버터에 미치는 온도가 너무 높거나, 버터를 빨리 첨가하여 난황이 유화력을 발휘하지 못한 경우와 충분히 섞어주지 못하였을 때 분리되므로 주의한다.

▲ 녹인 버터 넣고 소스 만들기

기능사실기

이탈리안미트 소스 (Italian meat sauce)

이탈리안 미트 소스는 곱게 다진 채소를 버터 녹인 소스 팬에 볶다가 고기, 페이스트 순서로 볶아 스톡, 부케가르니, 캔 토마토를 넣어서 끓인 소스이다. 스파게티 등 파스타(Pasta)요리에 주로 이용되는 이탈리아의 대표적인 소스이다.

주어진 재료를 사용하여 다음과 같이 이탈리안미트 소스를 만드시오.
① 모든 재료는 다져서 사용하시오.
② 그릇에 담고 파슬리 다진 것을 뿌려 내시오.
③ 소스는 150ml정도 제출하시오.

1. 만드는 순서에 유의하며, 위생과 숙련된 기능평가를 위하여 조리작업 시 맛을 보지 않습니다.
2. 요구사항의 규격은 '정도'의 의미를 포함하며, 지급된 재료의 크기에 따라 가감하여 채점합니다.
3. 다음 사항에 대해서는 채점대상에서 제외하니 특히 유의하시기 바랍니다.
   (1) 실격 – ① 가스레인지 화구 2개 이상(2개 포함) 사용한 경우
   ② 불을 사용하여 만든 조리작품이 작품특성에 벗어나는 정도로 타거나 익지 않은 경우
   ③ 시험 중 시설·장비(칼, 가스레인지 등) 사용 시 감독위원 및 타수험자의 시험 진행에 위협이 될 것으로 감독위원 전원이 합의하여 판단한 경우
   (2) 미완성 – ① 시험시간 내에 과제 두 가지를 제출하지 못한 경우
   ② 문제의 요구사항대로 과제의 수량이 만들어지지 않은 경우
   (3) 오작 – ① 구이를 찜으로 조리하는 등과 같이 완성품을 요구사항과 다르게 만든 경우
   ② 해당과제의 지급재료 이외의 재료를 사용하거나 석쇠 등 요구사항의 조리도구를 사용하지 않은 경우

재료 및 분량

- 소고기(Beef) – 살코기 갈은 것 …60g
- 양파(Onion) 중 – 150g 정도 …1/2개
- 마늘(Garlic) …………………………1쪽
- 셀러리(Celery)……………………30g
- 캔토마토(Can tomato) – 고형물 …30g
- 토마토 페이스트(Tomato paste) …30g
- 월계수잎(Bay leaf) ……………………1잎
- 파슬리(Parsley) – 잎, 줄기 포함……1줄기
- 소금(Salt) – 정제염 …………………2g
- 검은 후추가루(Black pepper)……2g
- 버터(Butter) – 무염………………10g

만·드·는·법

1. 파슬리는 찬물에 담그고 양파, 마늘, 셀러리를 사방 0.2cm로 다진다.
2. 갈아서 주어지는 소고기는 기름, 막, 힘줄을 제거한 후 다시 한번 다져 준다.
3. 캔 토마토를 씨 제거 후 다진다.
4. 냄비에 버터를 두르고 양파, 마늘을 넣어 볶다가 소고기, 셀러리 순으로 넣어 볶아준다.
5. 4에 토마토 페이스트를 넣어 볶고, 다진 토마토, 물 400ml를 붓고 월계수잎, 파슬리 줄기 넣어 끓여 준다.
6. 거품을 거두며 중불에 끓여 어느 정도 농도가 되면 소금과 후추로 간을 한다.
7. 월계수잎과 파슬리줄기를 건져내고, 소스볼에 담아 중앙에 파슬리찹을 뿌려 낸다.

▲ 양파 다지기

▲ 홀토마토 다지기

▲ 냄비에 재료 볶기

▲ 거품 걷기

득점 Point

- 선명한 붉은색을 띠는 이탈리안 미트 소스는 마늘을 기름에 먼저 볶아야 향이 구수하고 농도가 걸쭉하다.
- 사용된 재료들이 뭉치지 않도록 풀어가며 볶아주고 끓이는 도중 떠오르는 거품은 걷어내야 소스의 농도와 색이 좋다.

브라운 그래이비 소스 (Brown gravy sauce)

브라운 그래이비 소스는 브라운 루에 페이스트를 넣어 볶고 볶은 채소, 브라운 스톡, 부케가르니를 넣고 끓여 농도를 맞춘 후 소금, 후추로 맛을 낸 갈색의 걸쭉한 육류 소스이다. 소스의 농후제로 사용되는 루는 버터와 밀가루를 동량의 비율로 넣어 볶은 것으로 크게 화이트 루, 브론드 루, 브라운 루가 있다.

주어진 재료를 사용하여 다음과 같이 브라운 그레이비 소스를 만드시오.
① 브라운 루(Brown roux)를 만들어 사용하시오.
② 완성된 작품의 양은 200ml 정도로 만드시오.

1. 만드는 순서에 유의하며, 위생과 숙련된 기능평가를 위하여 조리작업 시 맛을 보지 않습니다.
2. 요구사항의 규격은 '정도'의 의미를 포함하며, 지급된 재료의 크기에 따라 가감하여 채점합니다.
3. 다음 사항에 대해서는 채점대상에서 제외하니 특히 유의하시기 바랍니다.
   (1) 실격 – ① 가스레인지 화구 2개 이상(2개 포함) 사용한 경우
   　　　　　② 불을 사용하여 만든 조리작품이 작품특성에 벗어나는 정도로 타거나 익지 않은 경우
   　　　　　③ 시험 중 시설·장비(칼, 가스레인지 등) 사용 시 감독위원 및 타수험자의 시험 진행에 위협이 될 것으로 감독위원 전원이 합의하여 판단한 경우
   (2) 미완성 – ① 시험시간 내에 과제 두 가지를 제출하지 못한 경우
   　　　　　② 문제의 요구사항대로 과제의 수량이 만들어지지 않은 경우
   (3) 오작 – ① 구이를 찜으로 조리하는 등과 같이 완성품을 요구사항과 다르게 만든 경우
   　　　　② 해당과제의 지급재료 이외의 재료를 사용하거나 석쇠 등 요구사항의 조리도구를 사용하지 않은 경우

재료 및 분량

- 밀가루(Flour) – 중력분 ············20g
- 버터(Butter) – 무염 ················30g
- 양파(Onion) 중 – 150g 정도 ···1/6개
- 당근(Carrot)························40g
- 셀러리(Celery)······················20g
- 토마토 페이스트(Tomato Paste) ···30g
- 소금(Salt) – 정제염 ···············2g
- 검은 후추가루(Black pepper)······1g
- 브라운 스톡(Brown stock) – 물로 대체 가능 ···300ml
- 월계수잎(Bay leaf) ················1잎
- 정향(Clove) ························1개

만·드·는·법

1. 양파, 당근, 셀러리 4cm × 0.3cm로 가늘게 채를 썬다.
2. 양파, 셀러리, 월계수잎, 정향을 이용하여 부케가르니를 만든다.
3. 팬에 양파, 노릇하게 볶다가 당근, 셀러리 함께 넣어 볶다가 토마토페이스트(20g)을 넣어 충분히 볶는다.
4. 냄비에 버터(30g)와 밀가루(30g)을 넣어 볶아 브라운루를 만든다.
5. 냄비에 3을(볶음채소와 페이스트) 넣고 육수(물), 부케가르니를 넣어 끓인다.
6. 거품을 제거하며 끓이다가 4의 브라운루를 넣어 끓이면서 농도가 걸쭉해졌으면 부케가르니 건져내고 소금, 후추로 간을 한다.
7. 거품을 거두며 충분히 끓었으면 체에 걸러 담는다.

▲ 재료 썰기

▲ 브라운 루에 페이스트 넣어 볶기

▲ 거품 걷기

▲ 체에 거르기

득점 Point
- 소스의 농도와 색깔이 알맞도록 토마토 페이스트의 양과 루의 양을 잘 조절해야 한다.
- 토마토 페이스트는 떫은 맛과 신맛이 나지 않도록 충분히 볶고, 끓일 때 위로 떠오르는 거품을 걷어낸다.

Craftsman Cook Western Food

부록
I

따라하기 쉬운 요리

하와이언 찹 스테이크

재료 및 분량

- 소고기안심 ·············· 300g
- 다진마늘 ················· 1큰술
- 올리브 오일 ············· 1큰술
- 양파 ·························· 1개
- 청피망 ··················· 1/2개
- 홍피망 ··················· 1/2개
- 양송이버섯(또는 새송이버섯) ········ 60g
- 마늘 ························· 10개
- 파슬리 가루
- 파인애플 통조림
- 소금 · 후추

[소스]
스테이크 소스 6큰술, 토마토 케찹 3큰술, 바비큐 소스 2큰술, 머스터드 소스 1작은술, 타바스코 소스 1/2작은술, 적포도주 2큰술, 설탕 1큰술, 후추, 월계수잎

만·드·는·법

1. 소고기를 적당한 크기로 썰어서 밑간을 해 놓는다.
2. 채소는 큼직하게 썰어 놓는다.
3. 팬에 올리브 오일을 두르고, 고기와 채소를 볶는다.
4. 고기는 질기지 않게 중간(medium) 정도로 익힌다.
5. 소스를 만들어서 약간 끓여 놓는다.
6. 파인애플(통조림)을 썰어 놓는다.
7. 고기와 파인애플, 채소 소스를 함께 볶아서 마무리하고, 파슬리가루를 뿌려서 담아낸다.

스위스 돈까스

재료 및 분량

- 돈육 (12×7×0.2) ······ 400g
- 당근 ······ 1/2개
- 오이피클 ······ 3개
- 피자치즈 ······ 100g
- 맛살 ······ 3개
- 햄 ······ 90g
- 치자단무지 ······ 1/2개
- 달걀 ······ 2개
- 청주 ······ 1큰술
- 밀가루 ······ 100g
- 돈까스 소스 ······ 70g
- 후추
- 소금
- 식용유
- 빵가루

만·드·는·법

1. 돼지고기는 지방이 없는 등심을 준비하여 소금, 후추, 조미술이나 청주로 밑간을 한다.
2. 모든 재료들은 돼지고기 길이에 맞추어 김밥용으로 썰어 놓는다.
3. 밑간해 놓은 돼지고기에 밀가루를 뿌려, 준비해놓은 속재료들을 넣고, 끝을 잘 마무리해서 돌돌 말아서 놓는다.
4. 준비해놓은 3을 밀가루 – 달걀 물 – 빵가루 순으로 묻혀서 180℃ 정도의 기름에 튀겨낸다.
5. 튀겨놓은 돈까스를 보기좋게 썰어서 소스와 함께 곁들인다.

※ 돼지고기의 두께가 너무 두껍지(0.2cm 정도) 않도록 유의하고, 치즈가 녹아 나오지 않도록 튀김온도에 유의해서 빠른 시간 내에 튀겨낸다. 닭가슴살을 이용하여 같은 방법으로 요리할 수도 있다.

립 바비큐

재료 및 분량

- 돼지 등갈빗살 ·········· 2대
- 식용유

[삶는재료]
청양고추 2개, 통마늘 3개, 통후추 6알, 월계수잎 4장, 양파 1/4개, 맛술 1큰술

[소스]
케첩 8큰술, 간장 2큰술, 우스터소스 3큰술, 오렌지주스 2큰술, 흑설탕 2큰술, 생강가루 1/2큰술, 월계수잎 3장, 다진마늘 2큰술, 다진양파 2큰술

만·드·는·법

1. 등뼈를 찬물에 2시간 이상 담가서 핏물을 제거한다.
2. 핏물 제거한 등뼈를 향신채소와 함께 1시간 이상 삶는다.
3. 팬에 버터나 오일을 두르고, 다진양파와 다진마늘을 넣고 볶다가 소스재료를 넣고 끓인다.
4. 삶아낸 등갈비를 찬물에 헹구어 남은 기름기를 제거한다.
5. 삶아낸 등갈비에 소스를 발라 180℃로 예열한 오븐에 20분을 구워주고, 소스를 다시 한번 발라서 15분 더 구워준다.
6. 구워낸 등갈비를 보기 좋게 담아낸다.

소고기 파인애플구이

재료 및 분량

- 소고기 ············· 300g
- 파인애플 통조림 ········ 1통
- 찹쌀가루 ············· 1컵
- 깻잎 ··············· 10장
- 방울토마토 ··········· 약간
- 올리브 오일 ········· 1큰술
- 소금 • 후추
- 와인 • 버터
- 씨겨자 • 설탕
- 레몬

[씨겨자드레싱]
올리브 오일 1큰술, 씨겨자 2큰술, 설탕 1큰술, 레몬즙 1큰술, 간장 1작은술

만・드・는・법

1. 소고기 300g → 6×6×0.2cm → 소금, 후추, 화이트와인 2큰술에 재운다.
2. 파인애플(통조림)을 1/2로 잘라, 버터 두른 팬에 살짝 굽는다.
3. 밑간 해놓은 소고기에 찹쌀가루를 고운체로 뿌린다.
4. 씨겨자 드레싱을 만든다.
5. 깻잎을 채 썰어 놓는다.
6. 찹쌀가루를 묻힌 소고기를 올리브 오일을 두른 팬에 굽는다.
7. 구워낸 소고기와 파인애플을 겹쳐 담고, 소스와 채소, 방울토마토를 곁들인다.

그린홍합 치즈구이

재료 및 분량

- 홍합 ················· 10개
- 슬라이스치즈 ········· 1장
- 파슬리(다진것) ······· 1큰술
- 레몬즙 ············· 1작은술
- 소금

만·드·는·법

1. 알이 굵은 그린홍합을 소금물에 흔들어 씻은 다음 숟가락으로 살을 꺼낸다.
2. 껍질은 깨끗이 씻어 물기를 없앤다.
3. 다시 껍질 위에 홍합을 얹어 소금, 레몬즙으로 간을 한다.
4. 간을 한 홍합 위에 슬라이스치즈를 잘게 썰어서 얹는다.
5. 치즈를 얹은 홍합 위에 파슬리가루와 고명을 올리고 200℃로 달구어 둔 오븐에 6~7분간 굽는다. 치즈가 노릇하게 녹아내리면서 색이 나면, 꺼내어 보기좋게 접시에 담아낸다.

대하버터구이

재료 및 분량

- 대하 ·················· 5마리
- 산적꼬치 ············ 10개
- 소금 ···················· 약간
- 홍고추 ·················· 1개
- 후추 ···················· 약간
- 파슬리 ················ 2줄기
- 버터 ···················· 40g

만·드·는·법

1. 오븐은 온도를 200℃로 맞추어 20분간 예열한다.
2. 오븐팬에 버터를 녹인다.
3. 대하는 깨끗이 씻고 수염과 내장을 제거하여 꼬치에 끼우고, 소금과 후추를 뿌려 예열된 200℃ 오븐에 5분간 굽는다.
4. 접시에 구운 새우를 담고 찬물에 담그어 싱싱해진 파슬리와 가위로 모양 낸 홍고추로 장식한다.

타르트에 채운 닭고기 샐러드

재료 및 분량

- 닭가슴살······80g
- 양파······50g
- 당근······30g
- 달걀······1개
- 마요네즈······30g
- 레몬즙······10g
- 밀가루······1컵
- 적포도주······10ml
- 월계수잎······1장
- 파슬리······1줄기
- 생크림······20ml
- 소금······약간
- 후추······약간

만드는 법

1. 밀가루에 분량의 물과 소금을 넣고, 재빨리 반죽하여 0.1cm 두께 정도로 얇게 민 다음, 사방 10cm 크기의 원형틀로 찍어낸다.
2. 둥근 몰드에 반죽을 넣은 다음, 호일을 깔고 180℃의 오븐에 7분 정도 구워 연한 갈색의 그릇 모양의 타르트를 만든다.
3. 닭 가슴살은 끓는 물에 향신료와 양파, 적포도주 등 향신 채소를 함께 넣고, 삶은 후 가늘게 찢는다.
4. 양파는 가늘게 채 썰어 약간의 소금을 뿌려 살짝 절였다가, 물에 한번 헹궈 냄새를 제거한 후 물기를 꼭 짠다.
5. 파슬리는 찬물에 담그고, 냄비에 달걀이 잠길 만큼의 물을 붓고 12분 정도 완숙으로 삶아, 노른자는 체에 내려 가루로 준비하고 흰자는 채 썬다.
6. 마요네즈에 생크림, 레몬즙을 넣고 소금과 후추로 간을 하여 양파, 익힌 닭가슴살을 넣고 소금, 후추를 넣어 버무린다.
7. 구워진 타르트에 준비된 재료를 넣고, 달걀 노른자와 꽃당근, 파슬리로 장식한다.

해산물 샐러드

재료 및 분량

- 오징어 ················· 1마리
- 중하 ···················· 5마리
- 그린홍합 ················ 6개
- 양상추 • 레디쉬
- 무순 • 파프리카

[파인애플 소스]
양파 1/8개, 파인애플 1쪽, 키위 1개, 우유 2큰술, 설탕 1큰술, 소금 1/4작은술, 마요네즈 3큰술, 겨자 1/2큰술, 다진오이피클 1/3개

만드는 법

1. 양상추는 손으로 뜯어서 찬물에 담가 놓는다.
2. 레디쉬, 무순, 파프리카도 적당하게 썰어서 찬물에 담가 놓는다.
3. 오징어는 껍질을 벗기고 칼집을 넣어서 데쳐 놓는다.
4. 홍합은 소금물에 씻어서 삶아 놓는다.
5. 새우는 내장을 제거하고, 껍질째 찌거나 삶는다.
6. 파인애플 소스 재료를 모두 믹서기로 갈아 놓는다.
7. 접시나 샐러드볼에 채소와 해물을 보기 좋게 담아내고, 소스를 곁들인다.

견과류 치즈샐러드

재료 및 분량

- 아몬드 ·············· 1/3컵
- 호두살 ·············· 1/3컵
- 샐러드 채소잎 ········· 30g
- 사과 ················ 1/2개
- 오이 ················ 1/3개,
- 두부 ················ 1/4모
- 유기농치즈 ············ 1장
- 말린 과일(건포도, 건살구)

[땅콩드레싱]
땅콩 1/3컵, 식초 3큰술, 파인애플과즙 2큰술, 잣가루 1큰술, 설탕 1큰술, 머스터드 소스 1작은술, 꿀 1큰술, 소금, 후춧가루 약간씩

만·드·는·법

1. 견과류를 손질해서 준비한다.
2. 두부를 썰어서 끓는 물에 데친 후 식힌다.
3. 사과와 채소는 적당한 크기로 썰어 놓는다.
4. 치즈와 말린 과일을 준비하고, 땅콩드레싱을 만든다.
5. 접시에 모든 재료를 보기 좋게 담아내고, 드레싱을 곁들인다.

크리스마스 감자샐러드 케이크

재료 및 분량

- 감자 ·················· 800g
- 양파 ·················· 1/2개
- 조선오이 ················ 1개
- 당근 ·················· 1/2개
- 완숙란 ················· 2개
- 햄 ···················· 50g
- 슬라이스치즈 ············ 1장
- 파슬리 ················ 2줄기
- 홍피망 ················ 1/2개
- 방울토마토 ·············· 1개
- 생크림 ················· 1컵
- 마요네즈 ·············· 7큰술
- 소금 ················ 1작은술
- 설탕 ················· 2큰술

만·드·는·법

1. 감자는 깨끗이 씻어 껍질째 삶은 다음, 껍질을 벗기고 뜨거울 때 체에 내린다.
2. 양파, 조선오이, 당근은 사방 1cm 크기로 썰어 소금에 절인 후, 수분을 제거하고 볶아낸다.
3. 완숙란, 햄, 슬라이스치즈, 파슬리잎, 홍피망은 곱게 다진다.
4. 방울토마토 1개는 꽃모양을 만들고, 생크림은 핸드 믹서기를 이용하여 거품을 낸 다음 짤주머니에 넣는다.
5. 볼에 1의 감자, 소금, 설탕, 마요네즈, 후추를 넣어 버무려 맛을 낸 다음, 모양을 내서 접시에 담고 난백, 난황, 햄, 슬라이스치즈, 파슬리 잎, 홍피망 곱게 다진 것으로 장식한다.
6. 생크림 넣은 짤주머니로 생크림을 모양나도록 짜고, 방울토마토로 장식한다.

크림 스파게티

재료 및 분량

- 생크림 ················ 1/2컵
- 우유 ············· 1과1/2컵
- 스파게티국수 ········· 90g
- 식용유
- 소금
- 흰 후추가루
- 홍피망
- 양송이
- 새우
- 그린홍합
- 브로콜리

만·드·는·법

1. 스파게티국수를 삶아서 준비해 놓는다.
2. 냄비에 우유와 생크림을 3:1의 비율로 담아 잘 섞은 후 간을 한다.
3. 2의 소스를 끓인다.
4. 소스가 한차례 끓어오르면 불에서 내려 식힌다(너무 오래 끓이면 잘 섞이지 않으므로, 강한 불에서 졸이다 약한 불에서 끓인 후 바로 식혀야 한다).
5. 해물은 손질하고, 채소도 적당한 크기로 썰어서 볶아 놓는다.
6. 손질한 해물과 채소에 소스와 스파게티국수를 버무려서 접시에 보기좋게 담아낸다.

해물 스파게티

재료 및 분량

- 스파게티국수 ············ 150g
- 그린홍합 ················· 100g
- 오징어 ···················· 1마리
- 토마토 ······················ 1개
- 새우 ······················ 100g
- 마늘 ······················· 4쪽
- 양송이 ····················· 4개
- 버터 ························ 30g
- 청피망 ···················· 1/2개
- 홍피망 ···················· 1/2개

[소스]
토마토 케찹 1과1/3컵, 육수 1/2컵, 설탕 1과1/2큰술, 소금, 후추가루, 적포도주, 월계수잎, 핫 소스 1작은술, 우스터 소스 1큰술, 토마토 페이스트 1/3컵, 피자치즈

만·드·는·법

1. 소금물에 해물을 씻어서 손질하고, 오징어에 칼집을 넣는다.
2. 마늘은 다지고, 토마토는 잘게 썰어 놓는다.
3. 소스팬에 소스재료를 담고 은근한 불에 졸이고, 스파게티국수를 삶는다.
4. 버터를 팬에 두르고, 마늘을 넣은 후 해물과 채소를 넣어 볶는다.
5. 삶은 스파게티국수도 팬에 볶아 놓는다.
6. 소스에 해물 채소를 넣고, 스파게티국수도 함께 버무려 담는다.

※ 6 위에 피자치즈를 곁들여 오븐이나 전자렌지에 가열하면 색다른 맛을 즐길수 있다.

감자 그라탕

재료 및 분량

- 감자 ·················· 400g
- 피망 ·················· 1/2개
- 양파 ·················· 1/2개
- 햄 ····················· 80g
- 우유 ·················· 300g
- 밀가루 ················ 2큰술
- 버터 ·················· 2큰술
- 빵가루 ················ 1/4컵
- 옥수수 ················ 1/3컵
- 피자치즈 ·············· 100g
- 파슬리
- 소금
- 후추

만·드·는·법

1. 감자는 깨끗이 씻어 껍질째 삶은 다음, 껍질을 벗기고 뜨거울 때 체에 내린다.
2. 피망, 양파, 햄은 사방 1cm 정도의 크기로 자른다.
3. 냄비에 버터를 녹이고, 밀가루를 동량 넣어 화이트 루를 볶은 다음, 주어진 우유를 붓고 풀어 걸죽해지면, 2의 양파를 먼저 넣어 익히다가 피망, 햄, 옥수수알을 넣어 섞은 후 소금, 후추로 맛을 낸다.
4. 그라탕 접시에 3을 담고 피자치즈, 빵가루, 파슬리 약간을 얹고, 200℃의 오븐에 10분 정도 굽는다.

※ 그라탕(gratinating)이란?
요리 마무리 단계에서 요리의 표면에 치즈, 달걀노른자, 빵가루 등으로, 오븐 또는 살라만다에서 표면을 갈색으로 내는 방법으로 생선그라탕, 스파게티, 마카로니, 그라탕요리 등에 많이 사용한다.

해시라이스

재료 및 분량

- 불린쌀 ·················· 2컵
- 소고기(불고기용) ········ 200g
- 소금, 후추 ··············· 약간
- 적포도주 ············· 1작은술
- 완두콩 ················· 40g
- 당근 ·················· 1/2개
- 양송이 ··················· 4개
- 양파, 피망 ············ 1개씩
- 밀가루 ················· 2큰술
- 버터 ··················· 2큰술
- 치킨베이스 ········· 1/2작은술
- 레몬파우더 ·········· 1작은술
- 케찹 ···················· 150g
- 생크림 ················· 25g
- 피클 ··················· 30g
- 육수 ···················· 2컵
- 파프리카파우더 · 월계수잎

만·드·는·법

1. 불린쌀 2컵과 물을 동량 붓고 센불에서 끓이다가, 중불과 약불로 조절해가며 고슬고슬한 밥을 짓는다(뜸을 들일 때 소금물에 데친 완두콩을 넣는다).
2. 피망, 당근, 양송이, 양파는 폭 0.8cm, 두께 0.3cm, 길이 5cm 규격으로 자른 다음 각각 볶아낸다.
3. 소고기도 폭 0.8cm, 두께 0.3cm, 길이 5cm 규격으로 자른 다음 밑간을 하여 각각 볶아낸다.
4. 팬에 버터와 밀가루를 동량 넣고, 브라운 루로 볶은 다음 육수 2컵, 토마토 케찹, 월계수잎 1장, 치킨베이스, 레몬가루를 넣고 끓이다가 채소 볶은 것, 파프리카파우더, 소금, 후추, 생크림을 넣어 맛을 낸다.
5. 접시에 고슬고슬하게 지은 밥을 담고, 4의 해시라이스 소스를 얹은 다음 피클다진 것을 뿌린다.

단호박 수프

재료 및 분량

- 단호박 ················· 1/2개
- 버터 ···················· 2큰술
- 찹쌀가루 ············· 1/2컵
- 다시마육수
- 파슬리가루
- 소금

만·드·는·법

1. 단호박은 껍질을 벗긴 후, 얇게 저며서 썰어 놓는다.
2. 냄비에 버터를 두르고 썰어놓은 단호박을 넣고 볶다가, 4컵 정도의 물을 넣고 뚜껑을 덮은 후 중불에서 끓인다.
3. 호박이 모두 물러지면 체에 으깨거나 믹서기에 간 후, 다시마 육수를 부어서 끓이면서 찹쌀가루를 넣고 농도를 맞춘다.
4. 찹쌀가루를 넣어 끓인 후 소금을 넣어 간을 맞추고, 단호박 수프를 담아낸다. 파슬리가루로 곁들인다.

또띠야 피자

재료 및 분량

- 또띠아 ·················· 1장
- 양파 ···················· 1/2개
- 소고기(다진것) ········ 80g
- 청피망 ·················· 1개
- 홍피망 ·················· 1개
- 블랙 올리브 ············ 40g
- 피자치즈(다진것) ······ 80g
- 양송이 ·················· 40g
- 팔마산치즈가루

[피자소스]
토마토 케찹 1/2컵, 토마토 페이스트 3큰술, 적포도주 2큰술, 월계수잎 4장, 설탕 1큰술, 후추약간, 핫소스 2작은술, 육수 1컵, 다진양파 1/2개

만드는 법

1. 피자소스 재료를 냄비에 담아서 중불에서 은근히 끓여준다.
2. 또띠아는 팬에 살짝 굽고, 다진소고기는 팬에 볶아 놓는다.
3. 청피망, 홍피망, 양파는 사방 1cm 크기로 썰어서 살짝 볶는다(채소를 볶지 않으면 물이 생긴다).
4. 양송이버섯은 모양대로 슬라이스 하고, 피자치즈는 다진 것으로 준비해 놓는다.
5. 피자팬 또는 접시에 오일을 바르고, 또띠아를 올린 후 그 위에 피자소스를 바른다.
6. 그 위에 볶아놓은 모든 재료들(소고기, 청피망, 홍피망, 양송이, 양파)를 골고루 올리고, 마지막으로 블랙 올리브와 피자치즈를 올린다.
7. 오븐이나 전자렌지에 치즈가 녹을 정도로만 데워서 담아낸다.

치즈스틱

재료 및 분량

- 모차렐라치즈 ··········· 150g
- 밀가루 ················· 1/2컵
- 빵가루 ················· 1/2컵
- 식용유

[튀김옷]
밀가루 1/4컵, 우유 1/8컵, 녹말가루 1큰술, 달걀 1/2개

만·드·는·법

1. 모차렐라치즈는 손가락 굵기로 썰어 놓는다.
2. 튀김옷을 되직하게 만들어 놓는다(튀김옷이 묽으면 튀길때 치즈가 모두 녹아버리므로 주의해야 한다).
3. 치즈를 마른밀가루 – 튀김옷 – 빵가루 순으로 옷을 입혀서, 180℃ ~190℃ 정도의 온도에 순간적으로 빨리 튀겨낸다(온도가 낮으면 치즈가 녹으므로 온도에 유의한다).

※ 튀긴 치즈스틱에 머스터드 소스를 곁들여서 먹어도 좋다.

스터프트 에그

재료 및 분량

- 달걀(Egg) ·················· 2개
- 사각햄(Ham) ·············· 5g
- 셀러리(Celery) ··········· 30g
- 마요네즈(Mayonaise) ······ 10g
- 머스타드(Mustard) ········· 2g
- 소금(Salt) – 정제염 ········· 2g
- 흰 후춧가루(White pepper) ·· 2g
- 파슬리(Parsley)
  – 잎, 줄기포함 ············ 1줄기
- 양상추(Lettuce) ············ 1잎

만·드·는·법

1. 파슬리와 양상추는 찬물에 담그고, 냄비에 달걀이 잠길 만큼의 물을 붓고, 난황이 중앙에 오도록 굴려가며 12분 정도 삶는다.
2. 햄과 셀러리는 곱게 다지고, 싱싱해진 양상추는 3cm 정도 길이로, 부채 모양이 되게 썰어 4개 준비한다.
3. 완숙하여 식힌 달걀은 껍질을 벗기고, 세울 수 있도록 양끝을 자른 다음, 직경이 짧은쪽으로 2등분하여 노른자는 체에 내린다.
4. 노른자, 다진 햄, 셀러리, 마요네즈 2/3큰술, 양겨자, 소금, 후추를 잘 섞어준 다음 짤주머니에 넣는다.
5. 흰자에 양상추를 보기 좋게 넣고, 짤주머니로 채우면서 3cm 높이로 모양있게 짜주고 파슬리로 장식하여 완성한다.

스터프트 오렌지

재료 및 분량

- 오렌지 ·················· 2개
- 달걀 ····················· 1개
- 오이 ····················· 1/4개
- 셀러리 ·················· 1/4대
- 사과 ····················· 1/2개

[소스]
마요네즈 1/2큰술, 소금, 설탕

만・드・는・법

1. 오렌지를 반으로 갈라 껍질이 찢어지지 않게, 조심스럽게 속을 파낸다.
2. 달걀은 삶아서 흰자는 곱게 다지고, 노른자는 고운체로 내려 가루로 만든다.
3. 오이, 셀러리, 사과는 사방 0.3cm 크기로 네모지게 잘게 썬다.
4. 3에 마요네즈를 넣고 설탕, 소금으로 맛을 내어 가볍게 버무린다.
5. 반으로 가른 오렌지에 4를 담는다.
6. 5에 체로 내린 달걀노른자를 솔솔 뿌리고, 데코레이션하여 담아낸다.

채소로 속을 채운 훈제연어롤

재료 및 분량

- 훈제연어(Smoked salmon) ········· 150g
- 당근(Carrot) ····························· 40g
- 셀러리(Celery) ·························· 15g
- 무(Radish) ······························· 15g
- 빨간피망(Red pimento) ············ 1/8개
- 청피망(Green pimento) ············ 1/8개
- 양파(Onion) ···························· 1/8개
- 겨자무(Horseradish) – 홀스레디쉬 ······ 10g
- 양상추(Lettuce) ······················· 15g
- 레몬(Lemon) ·························· 1/4개
- 생크림(Fresh cream) ················ 50g
- 파슬리(Parsley) – 잎, 줄기 포함 ······ 1줄기
- 소금(Salt) – 정제염 ···················· 5g
- 흰 후추가루(White pepper) ········ 5g
- 케이퍼(Caper) ·························· 6개
- ※연어나이프(조리용 칼로 대체가능)

만·드·는·법

1. 당근, 셀러리, 무, 홍피망, 청피망, 양파는 0.3cm 정도의 두께로 채를 썬다.
2. 훈제연어를 롤로 만들 수 있도록 일정한 두께로 슬라이스하여 채 썬 채소를 넣고 말아 썬다.
3. 생크림은 휘핑하여, 수분을 제거한 홀스레디쉬와 레몬즙 약간, 소금, 후추를 넣어 소스를 만든다.
4. 접시에 양상추를 깔고, 연어롤을 담은 후 파슬리, 레몬, 케이퍼로 장식하고 홀스레디쉬 소스를 조화있게 담아 완성한다.

훈제연어와 오이피클

- 연어는 단백질과 지질의 함량이 높고 비타민과 무기질이 풍부한 생선이다. 오메가-3 계통의 불포화지방산인 DHA와 EPA가 많이 들어있어 기억력 증진, 건강한 심장, 혈행 개선의 역할을 하기때문에 고혈압, 심근경색, 동맥경화, 당뇨병, 협신증등에 효과적인 식재료이다.

- 피클은 식초, 소금, 설탕 각종 향신료를 첨가하여 만든 서양식 초절임 장아찌로 오이, 양배추, 당근, 작은양파 등의 채소나 과일을 장기간 보존할 수 있다. 샐러드, 샌드위치, 냉채요리, 카레요리 등의 장식 또는 양념으로 사용한다.

훈제연어

재료 및 분량

- 훈제연어 ··········· 100g
- 오이피클 ··········· 30g
- 셀러리 ··············· 1/4개
- 홍파프리카 ········ 1/4개
- 노란파프리카 ······ 1/4개
- 땅콩버터 ··········· 30g
- 밤 ····················· 3개
- 케이퍼 ··············· 10개
- 양상추 ··············· 4장
- 단무지 ··············· 40g

[소스]
양파 30g, 물 1/2컵, 녹말 1/2큰술, 연겨자 5g, 레몬가루 10g, 소금 약간, 흰 후추 약간

만·드·는·법

1. 훈제연어의 껍질을 제거하고 사방 3cm 정도의 편으로 썬다.
2. 양상추는 찬물에 담그어 싱싱해지면 직경 4cm 크기의 원형으로 썬다.
3. 오이피클은 원형으로 얇게 썰고 밤은 0.5cm 두께로 썰어 설탕물에 담그었다가 수분을 제거하여 준비한다.
4. 셀러리, 홍파프리카, 노란파프리카는 길이 3cm 정도로 가늘게 채 썬다.
5. 치자단무지도 사방 3cm 정도의 크기로 얇게 편 썬다.
6. 양상추, 훈제연어, 밤에 땅콩버터 바른 것, 오이피클, 단무지, 홍피망, 셀러리, 파프리카, 케이퍼 순으로 올려 접시에 담는다.
7. 냄비에 다진양파 2큰술과 물 1/2컵을 넣고 끓이다가 연겨자, 레몬가루, 소금, 후추 넣어 맛을 낸다.
8. 작은 볼에 녹말 1/2큰술과 물을 2배 넣고 풀은 후 7의 소스에 넣어 끓여서 걸죽한 소스를 완성하여 곁들여 낸다.

오이피클

재료 및 분량

- 오이 ··················· 5개
- 양파 ··················· 1/6개
- 홍고추 ··············· 1개
- 풋고추 ··············· 1개
- 정향 ··················· 3개
- 통후추 ··············· 5개
- 통계피 ··············· 10g
- 생강 ··················· 10g
- 월계수잎 ··········· 2장
- 파프리카(노랑색, 적색) ··· 1/2개씩
- 카레가루 ··········· 15g
- 레몬 ··················· 1/4개
- 식초 ··················· 1컵
- 설탕 ··················· 1컵
- 소금 ··················· 2큰술
- 병

만·드·는·법

1. 오이는 작은 조선오이나 피클용 오이를 구입하여 소금으로 문질러 닦은 후 물기를 닦는다.
2. 양파, 파프리카, 레몬, 홍고추, 풋고추, 생강은 썰어서 물기를 제거한 용기에 담는다.
3. 냄비에 물 2컵, 설탕 1컵, 통후추, 소금, 월계수잎, 정향, 카레가루, 통계피를 넣어 끓이다가 식초를 넣고 살짝 끓으면, 뜨거운 촛물을 오이에 붓고 무거운 것을 이용하여 떠오르지 않도록 눌러준다.
4. 3일이 지난 다음 국물만 냄비에 따른 후, 끓여 식힌 다음 병에 붓는다(3회 정도 반복한다).

※ 날씨가 더운 여름철엔 냉장고에 보관한다.

피시 뮤니엘

재료 및 분량

- 가자미(Sole) - 250~300g 정도 ········1마리
- 버터(Butter) - 무염 ···························50g
- 밀가루(Flour) - 중력분 ······················30g
- 소금(Salt) - 정제염 ····························2g
- 흰 후추가루(Whiter pepper) ·············2g
- 레몬(Lemon) ································1/2개
- 파슬리(Parsley) - 잎, 줄기 포함 ······1줄기

만드는법

1. 파슬리는 찬물에 담그고, 레몬의 반은 즙을 내고, 반은 모양내어 썬다.
2. 가자미는 비늘, 머리, 내장을 제거하고 씻어 물기를 닦은 후 중심선과 가장자리 0.5cm 안쪽으로 칼집을 넣고, 5장 뜨기를 하여 껍질을 제거한다.
3. 생선살은 4쪽을 준비하여 소금, 후추 뿌린 후 밀가루를 입혀 버터 녹인 팬에 노릇하게 구워 파슬리와 레몬으로 장식한 접시에 담는다.
4. 팬에 나머지 버터를 녹여 연한 갈색되면, 레몬즙과 소금, 흰후추, 파슬리 찹을 넣어 뮤니엘 소스를 만든 후 구운 생선위에 끼얹는다.

솔 모르네

재료 및 분량

- 가자미(Sole) - 250~300g정도 ········· 1마리
- 버터(Butter) - 무염 ·················· 50g
- 밀가루(Flour) - 중력분 ················ 30g
- 우유(Milk) ························ 200ml
- 치즈(Cheese) - 가로, 세로 8cm정도 ···· 1장
- 소금(Salt) - 정제염 ··················· 2g
- 양파(Onion) 중 - 150g 정도 ·········· 1/3개
- 카이엔 페퍼(Cayenne pepper) ········ 2g
- 정향(Clove) ························· 1개
- 레몬(Lemon) ······················ 1/4개
- 월계수잎(Bay leaf) ··················· 1잎
- 파슬리(Parsley) - 잎, 줄기 포함 ······· 1줄기
- 흰통후추(white pepper corn) ········· 3개

만 · 드 · 는 · 법

1. 파슬리는 찬물에 담그고 양파는 채 썰어 포우칭용과 스톡용으로 나누고, 치즈는 다진다.
2. 가자미는 비늘, 머리, 내장을 제거하고 씻어 물기를 닦은 후 중심선과 가장자리 0.5cm 안쪽으로 칼집을 넣고, 5장 뜨기를 하여 껍질을 제거한 후 소금, 후추를 뿌린다.
3. 뼈는 손질하여 2cm 길이로 잘라, 찬물에 담가 핏물을 제거한 후, 버터 약간 녹인 냄비에 채 썬 양파와 함께 볶다가, 물, 부케가르니를 넣어 끓인 후 면보에 걸러 생선 육수를 만든다.
4. 냄비에 양파채를 깔고 2의 생선을 올리고, 육수를 부어 찐 후 체에 올려 생선살의 수분을 제거하여 접시에 담는다.
5. 냄비에 동량의 버터와 밀가루를 넣고 화이트루로 볶은 후 우유를 넣어 베샤멜 소스를 만든 다음, 치즈를 넣어 녹이고 소금, 후추로 간하여 모르네 소스를 완성하여 4에 끼얹고 카이엔 페퍼를 뿌린다.

칵테일

| 마티니 | 마티니는 칵테일의 왕이라 불리우며, 특히 미국인들이 가장 많이 마시는 음료이다. 종류가 300가지에 이르며, 바텐더의 솜씨가 중요시 되는 칵테일이다. 마티니의 기원은 19세기 말 이탈리아의 마르티니 회사가 만든 것이라는 설과, 20세기 초 뉴욕의 바텐더인 마티니 씨가 만들었다는 설이 있다.

데킬라 선라이즈 1960년대 멕시코에서 처음 만들어진 것으로 알려져 있으며, 석류시럽이 마치 '아침의 일출을 연상케 한다' 하여 데킬라 선라이즈라는 이름이 유래되었다.

블랙 러시안 블랙 러시안은 '어두운 러시아(인)' 라는 뜻으로, 러시아가 공산주의 국가이었던 시절, 암흑의 세계 또는 장막의 국가로 불리우던 시절의 러시아를 상징한다. 다른 의미로는 러시아 사람들의 음흉함을 뜻하는 말인데, 러시아 사람들은 이 '블랙 러시안' 이라는 말을 싫어하므로 주의하여야 한다.

블루 하와이 이름 그대로 푸른 하와이의 바다가 연상되는 칵테일이다. 사계절이 여름인 하와이 섬을 이미지로 한 칵테일로, 트로피컬 칵테일의 대표적인 것이라 할 수 있다.

마티니(Martini)

향긋하고 강한 쓴맛의 마티니는 식전주이다.

- 재료 : 드라이진 45ml, 드라이 베르뭇 15ml
- 기법 : 휘젓기
- 잔 : 3온스 칵테일(90ml)

만드는법

믹싱글라스에 재료를 넣고, 바 스푼으로 저어 차갑게 한 후 잔에 따르고 올리브를 장식한다. 얼음이 녹은 물이 포함되지 않도록 마티니를 만들 때에는 얼음에 각별히 유의해야 한다. 단단하고 물기가 없는 얼음을 사용해야 하며, 산뜻한 마티니를 위해 빨리 젓는다.

데킬라 선라이즈(Tequila sunrise)

단맛을 가진 데킬라선라이즈는 올데이 타입이다.

- 재료 : 데킬라 45ml, 오렌지주스 90ml, 그레나딘시럽 15ml
- 기법 : 직접넣기(Build)
- 잔 : 8온스 필스너(240ml)

만드는법

얼음을 넣은 잔에 데킬라와 오렌지주스를 넣고, 바 스푼으로 가볍게 저은 후 그레나딘시럽이 섞이지 않도록 천천히 붓고 슬라이스 오렌지, 체리, 스트로우로 장식한다.

블랙러시안(Black russian)

달콤한 커피맛을 가진 블랙러시안은 식후주이다.

- 재료 : 보드카 40ml, 칼루아 20ml
- 기법 : 직접 넣기(Build)
- 잔 : 6온스 락(180ml)

만드는법

잔에 얼음과 재료를 넣고, 바 스푼으로 잘 젓는다.

블루하와이(Blue hawaii)

중간 단맛의 블루하와이는 트로피칼한 올데이 타입의 칵테일이다.

- 재료 : 럼 30ml, 블루 퀴라소 15ml, 파인애플주스 30ml, 라임주스 10ml
- 기법 : 흔들기(Shake)
- 잔 : 8온스 필스너(240ml)

만드는법

쉐이커에 얼음과 재료를 넣고, 가볍게 흔들어 잘게 부순 다음, 얼음을 넣은 필스너 글라스에 따르고 파인애플 스틱, 체리, 스트로우로 장식한다.

칵테일

선라이즈 해가 떠오르는 모양처럼 붉은색과 노란색이 그라데이션 되므로, 선라이즈라는 이름이 붙여 졌다.

블루 마가리타 산뜻하고 새콤한 맛이 나며, 여성들에게 인기있는 칵테일이다. 멕시코의 호텔 바텐더가 고안했다는 설과, 로스엔젤레스의 바텐더가 전국 칵테일 컴페티션에 출품하기 위해 고안했다는 설이 있다.

깔루아 밀크 깔루아 밀크는 깔루아(Kahlua)라는 혼성주가 들어간 칵테일이다. 깔루아라는 리큐르는 멕시코의 대표적인 커피 리큐르로써 데킬라에 커피와 코코아, 바닐라를 혼합해서 만든 것으로 도수는 약 26~27% 정도이다.

블러디 메리 미국에서 금주법이 행해지던 때 생긴 음료로, 종교박해로 많은 사람들을 죽인 잉글랜드의 메리 스튜어트 여왕의 이름을 빗대서 만들었다.

선라이즈 (Sunrise)

단맛의 선라이즈는 트로피칼한 올데이 타입의 칵테일이다.

- 재료 : 보드카 30ml, 오렌지주스 90ml, 그레나딘시럽 10ml, 블루 퀴라소 10ml
- 기법 : 직접넣기(Build)
- 잔 : 8온스 필스너(240ml)

만드는법

잔에 얼음과 보드카를 넣고, 준비한 오렌지주스를 부은 다음, 바 스푼으로 젓는다. 그레나딘 시럽을 조심스레 천천히 따른 후, 블루 퀴라소를 천천히 띄운다. 칵테일에 사용하는 재료의 비중이 다르므로 색이 구분된다.

블루마가리타 (Blue Margarita)

짠맛, 신맛, 중간 쓴맛의 블루마가리타는 올데이 타입이다.

- 재료 : 데킬라 45ml, 블루 퀴라소 15ml, 라임수스 15ml
- 기법 : 묻히기(Rimmed)와 흔들기(Shake)
- 잔 : 5온스 칵테일(150ml)

만드는법

먼저 잔 가장자리(Rim)에 주스나 물을 발라 소금을 묻혀 놓은 후, 재료와 얼음을 쉐이커에 넣고 가볍에 흔든 다음, 소금이 떨어지지 않도록 조심하여 잔에 따른다.

깔루아 밀크 (Kahlua & Milk)

깔루아 밀크는 커피향의 단맛이 나는 식후주이다.

- 재료 : 칼루아 40ml, 크림 20ml
- 기법 : 띄우기
- 잔 : 8온스 락(240ml)

만드는법

얼음을 넣은 잔에 칼루아를 먼저 넣고, 크림이 섞이지 않게 얼음 위에 부어 띄운(Float)다.

블러디메리 (Bloody mary)

쌉쌀한 토마토주스 맛인 블러디메리는 식전주이다.

- 재료 : 보드카 30ml, 토마토주스 90ml
- 기법 : 직접넣기(Build)
- 잔 : 8온스 필스너(240ml)

만드는법

잔에 얼음, 보드카, 토마토주스를 넣고 잘 저어서 장식한다. 기호에 따라 레몬즙, 우스터 소스, 타바스코 소스, 소금, 후추, 등을 조금씩 첨가하며 슬라이스 레몬, 셀러리로 장식한다.

2009년 9월 1일 인쇄
2009년 9월 10일 발행
2012년 1월 10일 개정판 발행
2015년 2월 5일 개정2판 발행
2017년 10월 10일 개정3판 발행
2020년 4월 1일 개정4판 발행

조리기능장 공저

발행처 : 도서출판 미림원
발행인 : 김정태
서울시 광진구 자양번영로 6길 15
전화 : 02) 2244-4266
팩스 : 02) 446-4288

등록번호: 제 2007-36호

정가 : 18,000원

ISBN 978-89-94204-56-7

* 이 책의 내용을 출판사의 서면동의 없이
  무단전재 및 복제를 금합니다.

Craftsman Cook
Western Food

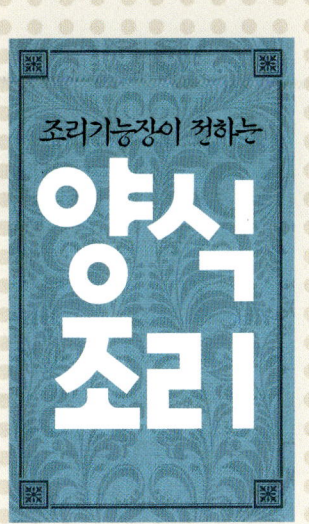

조리기능장이 전하는
양식 조리

조리기능장이 전하는
양식 조리

MEMO

MEMO

MEMO

MEMO

MEMO

MEMO

치즈오믈렛 (Cheese omelet)

조리순서
재료 확인 ➡ 달걀 풀어 체에 내려 생크림, 썬 치즈, 소금 섞기 ➡ 치즈 자르기 ➡ 달구어진 팬에 식용유 코팅하기 ➡ 달걀물 붓기 ➡ 오믈렛 모양 만들기 ➡ 버터 발라주기 ➡ 담기

스페니쉬 오믈렛 (Spanish omelet)

조리순서
재료 확인 ➡ 토마토와 베이컨 데칠 물 올리기 ➡ 달걀 풀어 체에 내리기 ➡ 채소 썰기 ➡ 토마토 데쳐 씨와 껍질 제거하고 썰기 ➡ 베이컨 썰어 데치기 ➡ 팬에 버터 녹이고, 양파, 양송이, 피망, 베이컨, 토마토 볶다가 케찹, 소금, 후추 넣어 속 만들기 ➡ 달구어진 팬에 식용유 코팅하기 ➡ 달걀물 붓기 ➡ 스크램블 하기 ➡ 속 넣고 모양 만들기

쉬림프 카나페 (Shrimp canape)

조리순서
파슬리 찬물에 담그기 ➡ 달걀의 난황이 중앙에 오도록 삶기 ➡ 썰기 ➡ 식빵 직경 4cm의 원형으로 자르기 ➡ 토스트하기, 버터 바르기 ➡ 냄비에 물과 미르포아 넣고 끓으면 새우의 내장을 제거하여 삶기, 식혀 껍질 제거 하기 ➡ 카나페 만들기

시저샐러드 (Caesar Salad)

조리순서
로메인 상추 찬물에 담갔다 먹기 좋은 크기로 찢기 ➡ 베이컨은 잘라 팬에 바삭하게 구워 기름제거하기 ➡ 마늘은 편으로 썬 다음 올리브오일을 두른 팬에 볶아 갈색이 나면 건지고 식빵을 넣고 갈색으로 볶기 ➡ 파미지아노 레기아노는 강판 사용하여 갈아주기 ➡ 마요네즈(mayonnaise) 만들기 ➡ 시저드레싱(caesar dressing)을 만들기 ➡ 로메인 상추, 일부의 베이컨, 시저 드레싱을 넣고 버무려 접시에 담고 곁들임인 크루통, 베이컨을 얹고 파미지아노 레기아노를 위에 뿌려 제출하기 ➡ 완성된 마요네즈와 시저드레싱은 별도의 그릇에 담아 각 100g 씩 제출하기

샐러드 부케를 곁들인 참치 타르타르와 채소 비네그레트
(Tuna tartar with Salad bouquet and vegetable vinaigette)

조리순서: 샐러드 부케용 채소 찬물에 담그기 ➡ 참치는 면보에 감싸서 해동하기 ➡ 3~4mm 정도의 작은 주사위 모양으로 자르기 ➡ 핏물 제거하기 ➡ 참치 타르타르 만들기 ➡ 차이브 데쳐 샐러드 부케 만들기 ➡ 비네그레트는 채소를 가로 세로 2mm 정도의 작은 주사위 모양으로 썰어 사용하고 파슬리와 딜을 다져서 사용하기 ➡ 참치 타르타르 모양내기 ➡ 샐러드부케 접시에 담기 ➡ 참치 퀜넬 3개 담기 ➡ 채소비네그레트 뿌려 완성하기

포테이토 샐러드 (Potato Salad)

조리순서: 파슬리 찬물에 담그기 ➡ 감자 삶을 물 올리기 ➡ 감자 껍질 벗겨 1cm 정육면체로 썰어 삶기 ➡ 양파, 파슬리 찹하기 ➡ 삶은 감자 식히기 ➡ 마요네즈, 양파, 파슬리찹, 소금, 후추 넣어 버무리기 ➡ 담기

월도프샐러드 (Waldorf Salad)

조리순서: 호두 불릴 물 1컵 올리기 ➡ 양상추 찬물에 담그기 ➡ 호두 뜨거운 물에 불려 껍질 벗겨 썰기 ➡ 사과 썰어 소금 레몬즙(레몬) 넣은 물에 담그기 ➡ 사과 체에 받혀 물기 빼고 나머지 수분 면보로 제거하기 ➡ 셀러리 섬유질 제거하여 썰기 ➡ 볼에 사과, 셀러리, 호두, 마요네즈, 소금, 백후추 넣어 버무리기 ➡ 양상추 썰어 접시에 깔고 샐러드 담기

해산물 샐러드 (Sea-food Salad)

조리순서: 채소 씻어 찬물에 담그기 ➡ 미르포아(양파, 당근, 셀러리), 향신료(딜줄기, 월계수잎), 레몬을 넣고 쿠르부용 만들기 ➡ 손질하여 준비한 해산물 쿠르부용에 데치기 ➡ 식혀서 관자 썰기 ➡ 샐러드용 채소 손질하기 ➡ 양파, 마늘, 차이브, 딜 다진 것 넣고 레몬 비네그레트 분리되지 않게 만들기 ➡ 해산물 소스에 버무리기 ➡ 샐러드용 채소 담고 소스 뿌리기 ➡ 해산물 담기

미네스트로니 수프 (Minnestrone Soup)

조리순서
파슬리 찬물에 담그기 ➡ 베이컨 썰어 기름 제거하기 ➡ 단단한 채소 순으로 볶기 ➡ 페이스트 넣어 다시 볶기 ➡ 물, 토마토, 마늘, 부케가르니 넣고 끓이기 ➡ 거품 제거하기 ➡ 파슬리찹 만들기 ➡ 스파게티, 채두, 완두 콩 넣기 ➡ 소금, 후추 간하기 ➡ 부케가르니 건지기 ➡ 담기 ➡ 파슬리찹 얹기

프렌치어니언 수프 (French onion Soup)

조리순서
양파 5cm 길이로 가늘게 채 썰기 ➡ 냄비에 버터 녹이고 센불에서 양파가 갈색빛이 날때까지 볶아주기 ➡ 물 300ml, 파슬리줄기 넣고 맑은 갈색이 나도록 끓인 후 소금과 후추 약간 넣기 ➡ 거품 제거하기 ➡ 마늘 곱게 다지고 파슬리 찹 하기 ➡ 마늘소스 만들어 빵 양면에 고루 바르기 ➡ 치즈가루 뿌리기 ➡ 빵이 타지 않게 약한 불에서 뚜껑 덮어 굽기 ➡ 빵은 제출하기 직전에 수프에 띄우기

비프 콘소메 (Beef consomme)

조리순서
토마토 데칠 물 올리기 ➡ 양파는 뿌리쪽을 1cm 두께로 썰고 나머지는 채 썰기 ➡ 당근, 셀러리 채 썰고 토마토는 데치거나 구워 껍질과 씨를 제거하여 썰기 ➡ 부케가르니 준비 ➡ 원형 양파 굽기 ➡ 난백 거품 내어 소고기, 양파, 당근, 셀러리 섞어 냄비에 넣기 ➡ 냄비에 물, 부케가르니 넣고 끓어오르면 원형 양파 넣기 ➡ 중불로 끓여 맑은 국물이 되면 소금, 후추 간하기 ➡ 면보에 걸러주기

포테이토 크림 수프 (Potato cream Soup)

조리순서
감자 썰어 찬물에 담그기 ➡ 대파, 양파 채 썰기 ➡ 냄비에 버터 녹이고 양파, 대파, 감자 순서로 볶기 ➡ 치킨스톡(물), 월계수잎 넣고 푹 끓이기 ➡ 체에 내리기 ➡ 생크림, 소금, 흰 후추 넣기 ➡ 담기 ➡ 크루톤 만들어 띄우기

피시차우더 수프 (Fish chowder soup)

조리순서: 재료손질 ➡ 양파(짜투리는 채 썰어 생선살 삶는 국물에 이용), 셀러리 썰기 ➡ 팬에 베이컨을 볶아내고 양파, 셀러리, 감자 순으로 볶기 ➡ 부케가르니 준비 ➡ 대구살 썰어 삶기(육수) ➡ 화이트 루 만들기 ➡ 우유 넣고 농도 맞추고 부족하면 스톡 사용하기 ➡ 생선, 월계수잎, 정향을 넣어 끓이고 농도가 맞으면 부케가르니를 꺼내고 소금과 후추로 간을 맞추기

브라운 스톡 (Brown stock)

조리순서: 파슬리 찬물에 담그기 ➡ 소뼈 핏물 제거하기 ➡ 채소 썰기 ➡ 토마토 끓는 물에 데쳐 껍질, 씨 제거하여 썰기 ➡ 사세 데피스 만들기 ➡ 소뼈를 갈색 나게 굽다가 양파 넣고 볶기 ➡ 양파가 갈색으로 볶아지면 셀러리, 당근 넣기 ➡ 물, 사세 데피스, 토마토 넣고 끓이기 ➡ 거품 거두며 끓이기 ➡ 면보에 걸러주기

비엘티샌드위치 (Bacon, lettuce, tomato sandwich)

조리순서: 팬에 빵 토스트 하기 ➡ 양상추 썰어 수분 제거하기 ➡ 토마토 썰어 소금, 후추 뿌리기 ➡ 베이컨 썰어 기름 제거하기 ➡ 식빵, 양상추, 베이컨 ➡ 양면에 버터 바른 빵 ➡ 양상추, 토마토 ➡ 한 면만 마요네즈 바른 빵 순으로 얹기 ➡ 썰어 담기

햄버거샌드위치 (Hamburger sandwich)

조리순서: 햄버거빵을 2등분하여 버터 녹인 팬에 토스트하기 ➡ 달걀 풀어 빵가루 넣어 불리기 ➡ 양상추 썰기 ➡ 토마토 0.5cm 두께 링 모양으로 썰어 소금, 후추 뿌리기 ➡ 양파 0.5cm 두께 링모양으로 썰고 자투리 곱게 다져 볶기 ➡ 셀러리 곱게 다져 볶기 ➡ 살코기 덩어리 곱게 다진 것에 양파, 셀러리, 빵가루, 소금, 후추 넣어 치대기 ➡ 모양 만들어 굽기 ➡ 빵, 양상추, 익힌 고기, 양파, 토마토 순서로 올려 자르기

스파게티 카르보나라 (Spaghetti Carbonara)

조리순서: 파슬리 찬물에 담그기 ➡ 스파게티면 삶아 올리브오일에 버무려 놓기 ➡ 통후추 으깨고 베이컨 썰기 ➡ 파슬리 찹 만들기 ➡ 리에종 만들기 ➡ 베이컨과 통후추를 넣고 볶기 ➡ 삶은 스파게티면을 넣고 같이 볶기 ➡ 생크림(120ml)넣고 끓이기 ➡ 리에종을 넣고 소스 농도를 맞추기 ➡ 소금으로 간하기 ➡ 파마산치즈가루와 파슬리 찹을 넣고 가볍게 섞어 마무리하기 ➡ 포크와 숟가락을 이용하여 돌려 담기

토마토소스 해산물 스파게티 (Seafood Spaghetti tomato sauce)

조리순서: 파슬리 찹 ➡ 바질 채썰기 ➡ 스파게티 알단테 상태 정도로 삶기 ➡ 올리브 오일에 버무리기 ➡ 양파 다지고, 마늘은 곱게 다지기 ➡ 홀 토마토 곱게 으깨기 ➡ 방울토마토는 길이로 썰기 ➡ 모시조개 해감 ➡ 새우 손질, 관자살과 오징어 손질하여 썰기 ➡ 토마토소스를 만들기 ➡ 팬에 올리브 오일 두르고 마늘, 양파 다진것 넣고 볶기 ➡ 해산물을 넣고 볶기 ➡ 소금, 후추 ➡ 화이트 와인으로 후란베하기 ➡ 토마토소스와 스파게티면을 넣고 볶기 ➡ 소금, 후추 ➡ 파슬리 찹과 바질을 넣고 섞어 마무리하기

프렌치 프라이드 쉬림프 (French fried Shrimp)

조리순서: 파슬리 찬물에 담그기 ➡ 새우의 머리, 껍질, 물주머니 제거하기 ➡ 칼집 넣어 펴주기 ➡ 소금, 후추 뿌리기 ➡ 흰자 거품내기 ➡ 노른자에 찬물, 설탕 넣어 충분히 풀기 ➡ 거품과 밀가루 넣어 튀김 반죽물 만들기 ➡ 밀가루 바른 새우에 튀김반죽 입혀 튀겨주기 ➡ 기름 제거하여 담고 레몬, 파슬리 장식하기

치킨커틀렛 (Chicken cutlet)

조리순서: 닭살 발라내기 ➡ 칼집 넣어 편편하게 편 후 소금, 후추 간하기 ➡ 튀김기름 올리기 ➡ 달걀 풀기 ➡ 닭살에 밀가루 입히기 ➡ 달걀물 입히기 ➡ 빵가루 입히기 ➡ 튀기기 ➡ 여분의 기름 제거하기

치킨알라킹 (Chicken a'la king)

조리순서: 채소 썰기 ➡ 스톡용 양파 채썰기 ➡ 양파조각과 월계수잎에 정향 꽂기 ➡ 닭살만 분리하여 2cm × 2cm로 썰기 ➡ 닭뼈, 닭살, 양파채, 물 넣고 익혀서 걸러 육수와 익힌 닭고기 분리하기 ➡ 썬 채소 볶기 ➡ 화이트 루 볶기 ➡ 우유 넣고 풀면서 양파조각과 월계수잎에 정향 꽂은 것 넣기 ➡ 걸러주기 ➡ 냄비에 다시 넣고 익힌 재료 넣어 살짝 끓이기 ➡ 생크림, 소금, 후추 넣어 간 맞추기

바비큐 폭찹 (Barbecued pork chop)

조리순서: 돼지갈비 찬물에 담그기 ➡ 양파, 셀러리, 마늘 다지기 ➡ 돼지갈비 손질하기 ➡ 소금, 후추 뿌리고 밀가루 입혀 굽기 ➡ 바비큐 소스 만들기 ➡ 익힌 갈비 넣어 졸이기

비프 스튜 (Beef Stew)

조리순서: 파슬리, 감자껍질 벗겨 썰어 찬물에 담그기 ➡ 채소 썰기 ➡ 마늘다지고 부케가르니 만들기 ➡ 소고기에 소금, 후추로 밑간 후 밀가루 입히기 ➡ 썬 채소, 고기 순으로 볶기 ➡ 브라운 루 볶은 후 페이스트 함께 볶기 ➡ 볶아낸 재료, 물, 부케가르니 넣어 푹 끓이기 ➡ 거품걷기 ➡ 파슬리찹 하기 ➡ 소금, 후추, 간하기 ➡ 부케가르니 건지기 ➡ 담기 ➡ 파슬리찹 얹기

서로인 스테이크 (Sirloin Steak)

조리순서: 채소 데칠 물 올리기 ➡ 감자 썰어 삶아 튀겨 소금 뿌리기 ➡ 당근 모양내어 깎아 삶아 졸이기 ➡ 시금치 데쳐 찬물에 헹구고 다진 양파와 볶아주기 ➡ 소고기 기름과 막 제거, 소금, 후추, 식용유, 자투리 채소 얹어 재우기 ➡ 더운 채소 담기 ➡ 고기 구워 담기

살리스버리 스테이크 (Salisbury steak)

조리순서: 양파 곱게 다져 볶아 식히기 ➡ 빵가루, 우유, 달걀 불려 놓기 ➡ 소고기의 기름과 막 제거 하여 곱게 다지기 ➡ 스테이크 반죽하여 럭비공 모양으로 빚어 굽기 ➡ 더운 채소 담고 구운 스테이크 올리기

사우전아일랜드 드레싱 (Thousand island dressing)

조리순서: 양파 다져 소금물에 절이기 ➡ 청피망, 오이피클 다지기 ➡ 레몬즙 짜기 ➡ 완숙란 황백 분리하여 다지기 ➡ 양파, 피망 수분 제거하기 ➡ 마요네즈 70g, 케찹 20g 섞기 ➡ 다진 채소, 소금, 후추 넣기 ➡ 레몬으로 농도 맞추기

타르타르 소스 (Tar tar sauce)

조리순서: 파슬리 찬물에 담그기 ➡ 달걀 삶기 ➡ 양파 다져 소금물에 절이기 ➡ 오이피클 다지기 ➡ 레몬즙 짜기 ➡ 완숙란 황백 분리하여 다지기 ➡ 양파 수분 제거하기 ➡ 파슬리찹하기 ➡ 양파, 오이피클, 완숙란, 파슬리찹, 레몬즙, 마요네즈, 소금, 흰후추 넣어 버무리기 ➡ 담기

홀렌다이즈 소스 (Hollandaise sauce)

조리순서: 양파 다진 것, 통후추 으깬 것, 파슬리 줄기, 월계수잎, 식초, 물을 넣고 끓여 걸러 향신촛물 3큰술 뽑기 ➡ 버터 중탕으로 녹이기 ➡ 달걀 노른자만 넣은 볼을 따뜻한 냄비에 걸쳐 놓고 휘핑하기 ➡ 버터 넣으며 유화 시키기 ➡ 레몬즙, 향신촛물, 소금, 후추로 맛내며 농도 맞추기

브라운 그래이비 소스 (Brown gravy Sauce)

조리순서

채소썰기 ➡ 부케가르니 준비 ➡ 팬에 버터 녹이고 채소 볶기 ➡ 페이스트 넣고 떫은 맛과 신맛 제거 되도록 볶기 ➡ 브라운 루 볶기 ➡ 냄비에 노릇하게 볶은 채소와 부케가르니, 물 넣고 끓이기 ➡ 브라운 루를 농도를 맞춘 후 소금, 후추로 간하기 ➡ 걸러주기

이탈리안미트 소스 (Italian meat Sauce)

조리순서

파슬리 찬물에 담그기 ➡ 채소 다지기 ➡ 갈은 소고기의 기름과 막 제거하기 ➡ 소스 팬에 버터 녹이고 채소, 소고기, 페이스트 순서로 볶기 ➡ 물, 월계수잎, 캔 토마토 다진것, 파슬리줄기 넣고 끓이기, 파슬리찹 하기 ➡ 거품 걷기 ➡ 소금, 후추 간하기 ➡ 담기 ➡ 파슬리찹 올리기

MEMO

MEMO